WIENER IBEROROMANISTISCHE STUDIEN 3

Hrsg. von Kathrin Sartingen

Claudia Piechocki

Intertextualität in der lusophonen Literatur

Ein Blick auf Fernando Pessoa
und Clarice Lispector

Claudia Piechocki studierte Romanistik und Theater-, Film- und Medien-
wissenschaften an der Universität Wien. Sie absolvierte Auslands-
aufenthalte in Brasilien und an der Universidade Nova in Lissabon.

Bibliografische Information der Deutschen Nationalbibliothek
Die Deutsche Nationalbibliothek verzeichnet diese Publikation
in der Deutschen Nationalbibliografie; detaillierte bibliografische
Daten sind im Internet über http://dnb.d-nb.de abrufbar.

ISSN 2193-8350
ISBN 978-3-631-62744-0 (Print)
E-ISBN 978-3-653-02615-3 (E-Book)
DOI 10.3726/978-3-653-02615-3

© Peter Lang GmbH
Internationaler Verlag der Wissenschaften
Frankfurt am Main 2013
Alle Rechte vorbehalten.

Peter Lang Edition ist ein Imprint der Peter Lang GmbH.
Peter Lang – Frankfurt am Main · Bern · Bruxelles · New York ·
Oxford · Warszawa · Wien

Das Werk einschließlich aller seiner Teile ist urheberrechtlich
geschützt. Jede Verwertung außerhalb der engen Grenzen des
Urheberrechtsgesetzes ist ohne Zustimmung des Verlages
unzulässig und strafbar. Das gilt insbesondere für
Vervielfältigungen, Übersetzungen, Mikroverfilmungen und die
Einspeicherung und Verarbeitung in elektronischen Systemen.

www.peterlang.de

Inhaltsverzeichnis

1. Einleitung 7

2. Intertextualität 11

2.1. Der Text 11
2.2. Intertextuelle Denkansätze 12
2.2.1. Julia Kristeva 12
2.2.2. Roland Barthes 13
2.2.3. Gérard Genette 15

3. Ein Autor und eine Autorin der Moderne 19

3.1. Fernando Pessoa – Biografie 20
3.2. Pessoas Positionierung in der portugiesischen Moderne 22
3.3. Clarice Lispector – Biografie 25
3.4. Lispectors Positionierung in der brasilianischen Moderne 27
3.4.1. Exkurs: Kritikspiegel 32
3.4.2. Der Erzählstil 33
3.4.3. Der Aspekt des Weiblichen 34
3.4.4. Die existenzphilosophische Perspektive 36
3.4.5. Kritik – Synopsis 37
3.4.6. Intertextuelle (Augen-) Blicke 39

4. Clarice Lispectors Perto do Coração Selvagem 41

4.1. Zusammenfassung 42
4.2. Die Figur Joana 44
4.2.1. Der Körper 44
4.2.2. Das (gedachte) Wort 45
4.2.3. Die Schrift 47
4.2.4. Die Reise 50
4.3. Analyse 52
4.3.1. Temporale Konstruktion des ersten Romanteils 52
4.3.2. Temporale Konstruktion des zweiten Romanteils 54

5. Fernando Pessoas Drama em Gente 57

5.1. Die drei Heteronyme 57
5.1.1. Alberto Caeiro 58
5.1.2. Ricardo Reis 59
5.1.3. Álvaro de Campos 60
5.2. Das Dreieck bei Pessoa 61

6. Pessoa und Lispector – Spuren der Intertextualität 65

6.1. Die drei Männer 65
6.1.1. O Professor 65
6.1.2. Otávio 66
6.1.3. O Homem 67
6.2. Das Dreieck bei Lispector – Ein intertextuelles Figurenmuster 69
6.3. Architextuelle Verbindungen 71
6.4. Intertextuelle Spiegelungen 75

7. Schlussbetrachtung 77

8. Bibliografie 81

8.1. Primärliteratur 81
8.2. Sekundärliteratur 82
8.3. Abbildungsverzeichnis 87

9. Anhang 89

9.1. Übersetzung der Zitate aus Nahe dem wilden Herzen 89
9.2. Resumo em português 97

1. Einleitung

Es sind die Spiegelmomente, die Fernando Pessoa, Clarice Lispector und deren Protagonisten einander ähnlich machen. In ihnen geht es um Erkenntnis, in ihnen begegnet das Individuum sich selbst und es versucht, sich zu verstehen. Einmal ist es die Autorin, die einen Autor in Abhängigkeit zu seinen Figuren erschreibt, das andere Mal der Autor selbst, der sich in seinen Heteronymen mit sich selbst konfrontiert, und schließlich gibt es die weibliche Hauptperson, die sich in ihren Männern spiegelt.

Vejo a nordestina se olhando ao espelho e – um rufar de tambor – no espelho aparece o meu rosto cansado e barbudo. Tanto nós nos intertrocamos.[1]

Dieses Zitat aus Clarice Lispectors letztem Roman, *A Hora da Estrela* (dt. *Die Sternstunde*, 1977), beschreibt einen unvermuteten Augenblick: Rodrigo S.M. sieht Macabéa, der Protagonistin seiner Erzählung, dabei zu, wie sie sich im Spiegel beobachtet und – mit einem Trommelschlag – erscheint an der Stelle des Mädchens aus dem Nordosten sein eigenes Gesicht. Dergestalt sind sie miteinander verbunden – oder besser gesagt: miteinander austauschbar? Wer ist für wessen Gegenwart verantwortlich?

Blickt man ‚zurück' auf Lispectors allerersten Roman, *Perto do Coração Selvagem*[2] (*Nahe dem wilden Herzen*, 1943), und dessen Hauptfigur Joana, stellen sich sehr ähnliche Fragen. Auch Joana erlebt solche Spiegelmomente, in denen sie den Blick eines Anderen auf sich ruhen fühlt und in denen sie unruhig die Möglichkeit wähnt, von einem Anderen – von etwas Anderem – erzählt zu werden. Ihr hohes Ziel – die (erzählerische) Unabhängigkeit –, erreicht sie schließlich durch ihr eigenes Wort, ihre eigene Ausdruckskraft. Anders als Rodrigo S.M. ist Joana nicht von der existenzgefährdeten Situation einer geschriebenen Figur abhängig; es gibt keine Macabéa, deren ausdrucksloses Dasein jegliches Entfaltungspotenzial der Erzählung zunichte machen könnte. Was Joana entdeckt ist die Differenz: Sie kann wachsen, indem sie anders ist. Sie legt verschiedene Masken auf, um sie sogleich abzulegen. Der Ursprung ihrer Wortquellen soll ein anderer sein.

Diese ‚Techne der Alienation', mit der Joana die Struktur und den Fortlauf von *Perto do Coração Selvagem* prägt, erinnert sehr an einen Autor, der sich ebenfalls permanent auf der Suche nach dem eigenen Wort befand: Die künstlerische Erarbeitung seines Selbst war für Fernando Pessoa nicht nur ein Thema, sondern eine Lebensaufgabe. Er erfand unzählige Heteronyme, denen er allen einen Namen gab. Jedes einzelne von ihnen verkörperte Pessoa und doch auch wieder nicht – er war mit ihnen wie durch den Reflex im Spiegel verbunden, aber seine ‚Andersartigkeit' – die Differenz zwischen ihm und seinen Schöpfungen – war ihm stets bewusst.

Der folgende Versuch, zwischen Clarice Lispectors Roman *Perto do Coração Selvagem* und Fernando Pessoas drei bekanntesten Heteronymen – Alberto Caeiro, Ricardo Reis und Álvaro

---

1   Lispector, Clarice: *A Hora da Estrela*. Rio de Janeiro: Rocco 1998, S. 22.
2   Lispector, Clarice: *Perto do Coração Selvagem*. Lisboa: Relógio D'Água 2000.

de Campos – eine intertextuelle Verbindung zu etablieren, versteht sich in erster Linie als eine Initiative zum Dialog, deren Ende aber noch offen steht.

Für die Gegenüberstellung von Fernando Pessoa und Clarice Lispector waren folgende Punkte ausschlaggebend: Zum einen lassen sich zwischen dem Autor und der Autorin erkennbare Reminiszenzen in der Wahl von Themen erkennen, denen sie sich in ihrem Œuvre widmen. Des Weiteren hinterließen beide ein Gesamtwerk, das durch moderne Züge gekennzeichnet ist, von denen besonders die Spaltung der Erzählinstanz und des damit einhergehenden ‚Drama des Ichs' bei Lispector noch nicht eingehend behandelt wurden.

Darüber hinaus ist bei beiden Schreibenden ein wiederkehrender Gebrauch von Intertextualität nicht nur auf einer Makroebene festzustellen, sondern auch innerhalb ihres jeweils eigenen Werks. Auf eine (spielerische) Art erlauben sie sich so, selbstreferenziell auf die ihnen innewohnende Polyfonie aufmerksam zu machen.

Im Gegensatz zu Pessoa, der hinsichtlich der mittlerweile zahlreichen Übersetzungen ins Deutsche im primär- und sekundärliterarischen Bereich namhaft vertreten ist, besteht bei Lispector, und das nicht nur im deutschsprachigen Raum, vergleichsweise Aufholbedarf. Vor allem aber hält sich die Anzahl an veröffentlichter Sekundärliteratur zu *Perto do Coração Selvagem* in Grenzen.

Es konnten zwar mit den wissenschaftlichen Artikeln von Benedito Nunes (*Clarice Lispector ou o Naufrágio da Introspecção*[3]) und Nadia Battella Gotlib (*Olhos nos Olhos. Fernando Pessoa e Clarice Lispector*[4]) – beide renommierte Lispector-Forscher – zwei Arbeiten gefunden werden, die Pessoa und Lispector explizit in einen intertextuellen Diskurs bringen, aber die Suche nach intertextueller Literatur zu *Perto do Coração Selvagem* blieb ansonsten ergebnislos.

Deswegen wird, nach einer Einführung in das Leben von Pessoa und Lispector, der Fokus im ersten Teil auf *Perto do Coração Selvagem* und dessen Protagonistin, Joana, gelegt. Im Roman wird ein Teil ihres Lebens – vom Kind bis zur jungen Frau – in einer anachronistischen Form erzählt.

Aus Joanas Beziehungen zu anderen Menschen geht eine Erzähldynamik hervor, die sich über die Form eines Dreiecks erklären lässt: Joana gerät nicht nur in drei Dreiecksbeziehungen, aus denen sie ausgeschlossen wird und die sie dazu veranlassen, einen neuen Abschnitt zu eröffnen. Sie nimmt auch jede der drei verfügbaren Positionen einmal ein, identifiziert sich damit, um sie parallel negieren zu können.

Die drei voneinander divergierenden Positionen werden in Form von drei Männern vertreten, die eine gewisse Zeit lang mit Joana zusammenleben: der Lehrer, Otávio und ‚der Mann'. Sie sind in ihrem Wesen sehr einfach zu beschreiben und erinnern bei der Lektüre an Vertreter ihrer archetypischen Merkmale.

In diesem Fall sind es Caeiro, Reis und Campos, die Heteronyme Pessoas, die nicht nur aufgrund ihres Schreibstils als Vorlage für die drei männlichen Figuren aus Lispectors Roman gedient haben könnten, sondern auch hinsichtlich ihrer ‚Funktion' für Pessoa: Denn so, wie

---

3   Nunes, Benedito: „Clarice Lispector ou o Naufrágio da Introspecção", in: *Colóquio Letras (Nr. 70)*, Lisboa: Fundação Calouste Gulbenkian 1982, S. 13–22.
4   Gotlib, Nádia Battella: „Olhos nos Olhos. Fernando Pessoa e Clarice Lispector", in: *Remate de Males (9). Revista do Departamento de Teoria Literária*, Campinas: Universidade Estadual de Campinas 1989, S. 139–145.

Pessoa in seinem nach innen gekehrten Universum reist, um verschiedene Möglichkeiten des Seins auszukosten, ohne sie aber sein zu wollen, verhält es sich auch mit Joana. Sie erfindet sich ebenfalls einen Meister und versucht im Zusammenleben mit konträren Charakteren die limitierten als auch unlimitierten Dimensionen des Daseins zu erleben. Deswegen treffen folgende Worte Pessoas, die er an seinen Freund Armando Cortes-Rodrigues richtet, auch auf Joana (Lispector) zu: Ela „viaja a colher maneiras-de-sentir".[5]

Diese Berührungspunkte werden mithilfe von verschiedenen Perspektiven der Intertextualität in den Kapiteln *Das Dreieck bei Joana – Ein intertextuelles Figurenmuster* und *Architextuelle Verbindungen* zusammengeführt.

Die Fragen nach der Bestätigung und der Bestreitung des Ichs sowie nach der Entfremdung beziehungsweise des Gefühls der Anerkennung durch Worte tauchen bei Pessoa und Lispector immer wieder auf. Welche Lösungen Pessoa und Lispector für eine mögliche Antwort auf diese Fragestellungen anbieten, soll im Zuge dieser Auseinandersetzung erarbeitet werden.

Da ein solches Vorhaben bis heute nicht in einer ausführlichen Form existiert, versteht sich diese Arbeit ebenfalls als Dialog, der die Grenzen, die innerhalb der Lusophonie gezogen werden, aufheben will.

Es sei an dieser Stelle noch darauf hingewiesen, dass die deutsche Übersetzung von *Perto do Coração Selvagem* – mit dem Titel *Nahe dem wilden Herzen*[6] – (momentan) vergriffen und nicht in jeder Bibliothek verfügbar ist. Deswegen wurde die 1987 erschienene und von Ray-Güde Mertin aus dem brasilianischen Portugiesisch ins Deutsche übersetzte Fassung als Vorlage verwendet, um im Anhang die in dieser Arbeit eingesetzten Zitate aus dem Roman in deutscher Sprache zusammenzustellen.

---

5 Zitiert nach: Ferreira, David Mourão: *O Rosto e as Máscaras*. Lisboa: Edições Ática Lisboa 1976, S. 56.
6 Lispector, Clarice: *Nahe dem wilden Herzen. Aus dem brasilianischen Portugiesisch von Ray-Güde Mertin*. Frankfurt a. M.: Suhrkamp 1987.

2. Intertextualität

2.1. Der Text

Bereits die zahlreichen Definitionen des Wortes Text, die vom lateinischen ‚textus' (Gewebe, Geflecht) ausgehen, setzen Rezipientinnen und Rezipienten damit auseinander, wo und wie die Grenzen innerhalb des textuellen und literarischen Feldes abgesteckt oder erweitert werden. Deshalb ist es auch relevant, sich mit diesen Bestimmungen in der Einführung in die Intertextualität auseinanderzusetzen.

Der Text kann beispielsweise als eine „Verkettung sprachlicher Einheiten zu einem Werk"[7] verstanden werden, ist aber genauso als eine „begrenzte Folge von sprachlichen Zeichen"[8] deutbar. Ältere Ansätze sehen in ihm eine (schriftlich) fixierte sprachliche Einheit, die in der Regel mehr als einen Satz umfasst; in der modernen textwissenschaftlichen Literatur wiederum stehen die kommunikativen Eigenschaften im Vordergrund,[9] ergo die Gegenüberstellung von mündlich vs. schriftlich oder Monolog vs. Dialog. Item, auch bei den Grundlagen für die Entstehung eines Textes ist nicht von einer isolierten Existenz von Wörtern die Rede, sondern von einer Verkettung, Aneinanderreihung beziehungsweise Verknüpfung.

Die Suche nach einer adäquaten Definition, die in jedem Kontext anwendbar wäre und sozusagen eine Universalanwendung ermöglichte, erinnert an die Forschungen der Bibliothekare in Borges' *La Biblioteca de Babel* – Erzählung aus dem Band *Ficciones*[10] – zur Existenz eines Buches, das, basierend auf 25 orthografischen Symbolen, nicht nur das Geheimnis um die Herkunft des Menschen, sondern auch der anderen Bücher – jedes davon ein originales Einzelstück – lüften würde. Schließlich muss eine Art Ausgangspunkt gegeben sein, von dem aus sich die divergenten Genres und Inhalte entwickelt haben, und es stellt sich die Frage, wie ein solches ‚Urgewebe' ausgesehen haben könnte und ob es überhaupt auffindbar ist. Sehr ähnlich verhält es sich nämlich mit der Frage der Textfähigkeit bzw. Textualität, wenn darin nach der Gesamtheit aller Eigenschaften gesucht wird, die einen Text zum (literarischen) Text machen.

Eine von mehreren Antworten darauf steckt im Begriff der Kontextualität – wenn ein Text demnach auf ein anderes, bereits vorhandenes Schriftstück in direkter oder indirekter Weise Bezug nimmt: „Ein besonderer kontextueller Bezug ist die Präsenz eines Textes in einem anderen, in Form von Zitat, Plagiat oder Anspielung",[11] was bereits auf das eigentliche Thema hinlenkt und drei mögliche Erscheinungsformen der Intertextualität bezeichnet. Doch das Fachwort erlebte über diese hinaus viele weitere Determinationen: Der Begriffsinhalt wie der Begriffsumfang von Intertextualität werden sehr unterschiedlich bestimmt.

Im Folgenden wird auf eine Auswahl von einer Vertreterin und zwei Vertretern näher eingegangen. Einerseits, um verschiedene Auffassungen von Intertextualität vorzustellen, andrer-

---

7   Vater, Heinz: *Einführung in die Textlinguistik*. München: Fink 2001, S. 14.
8   Frank, Annette/Meidl, Martina: „Textwissenschaft", in: *Diskurs, Text, Sprache*, hrsg. v. Michael Metzeltin, Wien: Edition Praesens 2002, S. 151–192, hier S. 176.
9   Cf. Vater: *Einführung in die Textlinguistik*, S. 14f.
10   Borges, Jorge Luis: *Ficciones*. Madrid: Alianza Editorial 2009.
11   Frank/Meidl: „Textwissenschaft", S. 177.

seits, um einen Einblick in die chronologische Begriffsentwicklung zu erhalten. Zu Beginn wird die Intertextualitätstheorie Julia Kristevas vorgestellt. Ausgehend von ihrer Definition findet eine Überleitung zu Roland Barthes und Gérard Genette statt.

2.2. Intertextuelle Denkansätze

2.2.1. Julia Kristeva

Die Beschäftigung mit der Intertextualität sowie mit der Geschichte der intertextuellen Arbeit reicht sehr weit zurück. In der Antike haben sich Texte in einer ‚imitatio vitae' unmittelbar auf die Wirklichkeit beziehungsweise in einer ‚imitatio veterum' auch aufeinander bezogen. Die Rhetorik und die aus ihr gespeiste Poetik brachten derartige Bezüge von Texten auf Texte mit deutlich werdender Detailliertheit auf den Begriff – wenn auch ohne Sinn für ein Gesamtkonzept.[12] Der Usus, in literarischen Texten intertextuelle Verfahren wie Parodien, Travestien, Pastiches, Adaptionen, Florilegien, Zitate oder Anspielungen anzuwenden, besteht quasi seit jeher.

Der Begriff der Intertextualität selbst stammt aus der poststrukturalistischen Literaturtheorie Julia Kristevas und ist „die Bezeichnung für das Beziehungsgeflecht zwischen Texten, in dem sich der einzelne Text als autonomes Sinngebilde auflöst".[13] Der von Kristeva etablierte Terminus ist jünger als die verschiedenen traditionellen Begriffe für den Bezug von Texten auf Texte – er wurde von ihr in den 1960er-Jahren geprägt –, bezieht sich aber trotzdem explizit auf das theoretische Konzept der Dialogizität und Polyfonie des sowjetrussischen Literaturwissenschaftlers Michail Bachtin,[14] das dieser bereits in den 1920er-Jahren entwickelt hatte.[15] Bachtin befasst sich vordergründig mit dem neuzeitlichen Roman, der sich seiner Meinung nach durch eine Redevielfalt auszeichnet, die sich in einer Zwei- oder Mehrstimmigkeit der literarischen Sprache manifestiert.

Kristeva knüpft an die Vorstellung Bachtins an, den Text als Mosaik von Zitaten – fremden Wörtern – anzusehen, nimmt jedoch in ihrer Definition eine dezisive Erweiterung vor: „Jeder Text baut sich als Mosaik von Zitaten auf, jeder Text ist Absorption und Transformation eines anderen Textes. An die Stelle des Begriffs der Intersubjektivität tritt der Begriff der *Intertextualität*, und die poetische Sprache läßt sich zumindest als eine *doppelte* lesen."[16]

Das Gewebe eines jeden Textes besitzt demnach keinen Bund, der ihn abgrenzt von anderen; die Fäden fließen vielmehr ineinander über, stets schimmert ein assoziatives Muster durch.

---

12 Cf. Pfister, Manfred: „Konzepte der Intertextualität", in: *Intertextualität. Formen, Funktionen, anglistische Fallstudien*, hrsg. v. Ulrich Broich/Manfred Pfister, Tübingen: Niemeyer 1985, S. 1–31, hier S. 1.
13 Bußmann, Hadumod [Hrsg.]: *Lexikon der Sprachwissenschaft*. Stuttgart: A. Kröner Verlag 2000, S. 317.
14 Cf. Pfister: „Konzepte der Intertextualität", S. 1.
15 Anm.: Dies macht Kristevas erster einschlägiger Entwurf in seinem Titel deutlich: „Bakhtine, le mot, le dialogue et le roman" („Bachtin, das Wort, der Dialog und der Roman"), geschrieben 1966, veröffentlicht in: *Critique*, 23 (1967).
16 Kristeva, Julia: „Bachtin, das Wort, der Dialog und der Roman", in: *Texte zur Literaturtheorie der Gegenwart*, hrsg. v. Dorothee Kimmich et al, Stuttgart: Reclam 2004, S. 349–359, hier S. 349.

Und Kristeva konstatiert weiter: „Nous appellerons INTERTEXTUALITÉ cette inter-action textuelle qui se produit à l'intérieur d'un seul texte. Pour le sujet connaissant, l'intertextualité est une notion qui sera l'indice de la façon dont un texte lit l'histoire et s'insère en elle"[17] – eine Definition, die zwar viele neue Interpretationsmöglichkeiten von Texten zulässt, unter Schriftstellern aber genauso zu einem bestimmten Grad von Unbehagen geführt hat. Immerhin werden damit die eigene Originalität und die Spannweite möglicher Innovation infrage gestellt.

Kristeva spricht – anders als Bachtin – dem als ‚Mechanismus' und ‚Produktivität' verstandenen Text eine bedeutungsproduzierende Eigenständigkeit zu, die sich von der Instanz einer künstlerischen Gestaltungsintention des Autors, dem Konzept eines geschlossenen Werks und der Idee einer dialogischen Kommunikation zwischen Subjekten ablöst. Demnach wird „der Autor [...] zum Schnittpunkt von Diskursen, das intendierte Werk zum ambivalenten Text, an die Stelle der Intersubjektivität tritt die Intertextualität".[18]

Laut Vogt schafft dieser Ansatz der Intertextualität durchaus die nötigen Vorraussetzungen, um die vielfältigen Figurenstimmen, Zitate und Anspielungen im erzählerischen Werk fassbar zu machen sowie die Kombination oder Überlagerung verschiedener Erzählmuster und Diskurse – etwa die experimentellen Formen der Diskursmontage im Roman der klassischen Moderne und der Postmoderne – zu erkennen.[19]

In gewisser Weise kann in der Intertextualität somit eine Art Werkzeug gesehen werden, das es nicht nur innerhalb der Literaturwissenschaft ermöglicht hat, einen Text auf eine neue Weise zu analysieren. Ebenfalls dem Leser gegenüber hat Kristevas Theorie neue Seiten aufgeschlagen, indem die archaischen und zuvor als unantastbar geltenden Textformen hinterfragt und in neuen Gedankenverbindungen eingebettet werden konnten.

2.2.2. Roland Barthes

Es besteht des Weiteren die Auffassung, dass es im Speziellen die Texte der literarischen Moderne und Postmoderne seien, die neue Arten der Intertextualität hervorrufen, in denen dem Leser ein offener Text mit einem erst auszufüllenden Assoziationsspielraum möglicher intertextueller Bezüge angeboten wird.[20] Dieser Meinung könnte kritisch entgegengesetzt werden, dass der Text somit quasi wehrlos den Deutungen des Lesers ausgesetzt ist und die Grenzen von Einflussforschung in einem undurchsichtigen Nebel verlaufen. Dennoch obliegt dem Text in diesem Fall eine neue Form der Autonomie, der Textkörper erhält eine ihm davor weder zugetraute noch zugesprochene Identität wie Verantwortung.

Insbesondere beim Stichwort Leser und seiner aktiven Funktion beim sinnlichen Erfassen eines Textes ist der theoretische Ansatz Roland Barthes' zu nennen. Barthes setzt, im Gegen-

---

17   Zit. nach: Pfister, Manfred: „Konzepte der Intertextualität", S. 7. Herv. i. Orig.
18   Martínez, Matías: „Dialogizität, Intertextualität, Gedächtnis", in: *Grundzüge der Literaturwissenschaft*, hrsg. v. Heinz Ludwig Arnold, München: Deutscher Taschenbuch-Verlag 2001, S. 430–445, hier S. 441.
19   Cf. Vogt, Jochen: „Grundlagen narrativer Texte", in: *Grundzüge der Literaturwissenschaft*, hrsg. v. Heinz Ludwig Arnold, München: Deutscher Taschenbuch-Verlag 2001, S. 287–307, hier S. 306.
20   Cf. Martínez: „Dialogizität, Intertextualität, Gedächtnis", S. 444.

teil zu Kristeva, in seinen Ausführungen den Schwerpunkt auf die Interpretationsspielräume von literarischen Texten. Innerhalb dieses durch Textfäden zusammengehaltenen Raumes spricht er dem Leser eine besondere Rolle zu, da dieser seiner Meinung nach befähigt ist, das Gewebe selbst in die Hand zu nehmen und Lust am Werken an der Kunst empfinden kann:

> Ein Text ist aus vielfältigen Schriften zusammengesetzt, die verschiedenen Kulturen entstammen und miteinander in Dialog treten, sich parodieren, einander in Frage stellen. Es gibt aber einen Ort, an dem diese Vielfalt zusammentrifft und dieser Ort ist nicht der Autor (wie man bislang gesagt hat), sondern der Leser.[21]

Der Moment der Lektüre ist für Barthes demnach eine Erfahrung, bei der der Leser sich sozusagen als ‚unbeschriebenes Blatt' dem Text hingibt. Dieser kann jedoch ausschließlich aus Informationen, Erzählungen, Erfahrungen o. Ä. bestehen, die dem Leser als Mensch bereits innewohnen:

> [...] der Schreiber [kann] nur eine immer schon geschehene, niemals originelle Geste nachahmen. Seine einzige Macht besteht darin, die Schriften zu vermischen und sie miteinander zu konfrontieren, ohne sich jemals auf eine einzelne von ihnen zu stützen. Wollte er sich *ausdrücken*, so sollte er wenigstens wissen, dass das innere ›Etwas‹, das er ›übersetzen‹ möchte, selbst nur ein zusammengesetztes Wörterbuch ist, dessen Wörter sich immer nur durch andere Wörter erklären lassen [...][22]

Obwohl Barthes' Feststellung relativ radikal ausfällt und den Eindruck erweckt, dem Autor die Suche nach dem ‚wahren, ursprünglichen Kern' zu verwehren oder zumindest nicht schmackhaft zu machen, da alles Geschriebene bereits in irgendeiner Form vorhanden sein soll, so ist die Schwerpunktverlagerung vom Autor auf den Leser von wesentlicher Bedeutung für eine neue Definition der Intertextualität. Es ist eine Aufforderung, das bereits Existente im Text durch die Leseerfahrungen auf eine gegenwärtige Weise zu erleben und zu genießen und dieser Erkenntnis Raum für Resonanz zu geben – schließlich gebe es dazu mehr oder weniger keine Alternativen: „Und eben das ist der Inter-Text: die Unmöglichkeit, außerhalb des unendlichen Textes zu leben – ob dieser Text nun Proust oder die Tageszeitung oder Fernsehschirm ist: das Buch macht den Sinn, der Sinn macht das Leben."[23]

---

21   Barthes, Roland: „Der Tod des Autors", in: *Texte zur Theorie der Autorschaft*, hrsg. v. Fotis Jannidis/ Gerhard Lauer [u. a.], Stuttgart: Reclam 2000, S. 185–193, hier S. 192.
22   Barthes: „Der Tod des Autors", S. 190. Herv. i. Orig.
23   Barthes, Roland: *Die Lust am Text*. Frankfurt a. M.: Suhrkamp 1974, S. 53f.

2.2.3. Gérard Genette

Eine der bekanntesten und differenziertesten Unterscheidungen von Intertextualitätsgraden hat Gérard Genette mit seinem Werk *Palimpseste* eingeführt. Ein Palimpsest ist

> wörtlich ein Schriftstück, dessen ursprünglicher Text durch einen anderen ersetzt wurde, ohne daß der ursprüngliche gänzlich verschwunden, vielmehr unter dem neuen noch lesbar ist: ein bildhafter Beleg dafür, daß sich unter einem Text stets ein weiterer verbergen kann, der selten ganz getilgt ist – Vorraussetzung für eine doppelte Lesart [...][24]

In einem ersten Schritt geht es Genette darum, bei intertextuellen Bezügen zwischen Einzeltextreferenz und Systemreferenz (Genette: Architextualität) zu unterscheiden, das heißt zwischen Verweisen auf individuelle Prätexte oder aber auf literarische Muster und Normen wie Gattungen oder Schreibweisen.[25] Da Gattungsnormen und Schreibweisen im literarischen Bewusstsein oft durch paradigmatische Einzelwerke repräsentiert sind, gestaltet sich die Aufgabe sehr subtil, zwischen Einzeltext- und Systembezug differenzieren zu können, denn die Trennungslinien gehen oft ineinander über.

Anders als Kristeva oder Barthes setzt Genette mit dem Terminus der Transtextualität als Modell jener Verhältnisse an, die einen Text „in eine manifeste oder geheime Beziehung zu anderen Texten"[26] bringen. Aus seiner Systematisierung gehen dabei fünf Typen der Transtextualität[27] hervor:

Der erste ist die Intertextualität selbst, wobei Genette sie in ihrer Tragweite eingrenzt: Sie ist lediglich dann gegeben, wenn es sich um eine effektive Präsenz eines Textes in einem anderen Text in Form von einem Zitat, Plagiat oder einer Anspielung handelt. Der Paratext bezeichnet eine generell weniger explizite und weniger enge Beziehung, und zwar die pragmatische Gestaltungsform des Textes durch beigeordnete Texte wie Titel, Einleitung, Motto, Vor- oder Nachwort, Fußnoten beziehungsweise Umschlagstext.[28] Von Metatextualität ist die Rede, wenn der Text einen anderen kommentiert, indem er sich mit ihm auseinandersetzt, ohne ihn unbedingt zu zitieren.[29] Die Architextualität eines Textes besteht in seiner taxonomischen Zugehörigkeit zu bestimmten Gattungen, Textsorten oder Schreibweisen und ist deshalb laut Genette auch der abstrakteste und impliziteste Typus. Als fünfte Unterteilung nennt er schließlich die Hypertextualität und definiert damit die Beziehung eines Textes zweiten Grades (den Genette Hypertext nennt) zu Prätexten (Genette: Hypotexten), von denen er durch eine einfache Transformation (Parodie, Travestie) oder indirekte Transformation, durch Nachahmung (Persiflage, Pastiches), deriviert wurde.[30]

---

24 Genette, Gérard: *Palimpseste*. Frankfurt a. M.: Suhrkamp 1993, o. S.
25 Cf. Martínez: „Dialogizität, Intertextualität, Gedächtnis", S. 443.
26 Genette: *Palimpseste*, S. 9.
27 Ibid., S. 9ff.
28 Cf. ibid., S. 11.
29 Cf. ibid., S. 13.
30 Ibid, S. 13–14.

Der Fokus wird in den Ausführungen Genettes in *Palimpseste* auf den letztgenannten Typus gelegt – angefangen von der Hypertextualität, bei der die Ableitung des Hypertexts vom Hypotext zugleich massiv deklariert wird bis hin zu jenen Fällen, in denen dies weniger offiziell erfolgt.
Für Genette sind die genannten Differenzierungen und eine systematische Auseinandersetzung mit dem Text essenziell. Er räumt ein, dass die verschiedenen Formen der Transtextualität „zugleich Aspekte jeder Textualität und, potentiell und in verschieden großem Ausmaß, von Textklassen"[31] sind und auch, dass es beinahe unmöglich ist, keinerlei Verbindungen und Überschneidungen zu eruieren. Gleichermaßen weiß er um eine undogmatischere Auffassung der Hypertextualität Bescheid: „Selbstverständlich ist auch sie ein universeller Aspekt der Literarität: Es gibt kein literarisches Werk, das nicht, in einem bestimmten Maß und je nach Lektüre, an ein anderes erinnert; in diesem Sinn sind alle Werke Hypertexte."[32] Doch einen Aspekt kann Genette an dieser Stelle nicht komplett legitimieren – und dieser Punkt differenziert sich von den Ansätzen Barthes':

> Ein derartiger Zugang hätte zur Folge, daß die Gesamtheit der Universalliteratur im Feld der Hypertextualität aufginge, was ihre Untersuchung zu einer kaum zu meisternden Aufgabe machen würde; vor allem aber räumt sie der hermeneutischen Tätigkeit des Lesers – oder Archilesers – eine Bedeutung ein und schreibt ihr eine Rolle zu, der ich nicht zustimmen könnte.[33]

Damit wird der Mittelpunkt des Interesses gezielt vom Leser auf eine minutiöse Ausarbeitung transtextueller Verhältnisse verlegt, die ohne klare Belege innerhalb der Analyse nicht auskommt. Genettes Kategorisierung erhält aufgrund ihrer Nuanciertheit einen signifikanten Stellenwert für die Forschungen innerhalb der Intertextualität (Genette: Transtextualität). Nichtsdestotrotz verdeutlicht sie – wie die anderen Forschungsansätze –, wie schwierig es ist, klare Grenzen in einer intertextuellen Gliederung zu ziehen.
Immerhin können intertextuelle Bezüge außer der semantischen auch andere Ebenen des Textes betreffen, nämlich linguistische Aspekte wie Grafie, Interpunktion, Phonologie, Morphologie, Lexik oder Syntax, aber auch solche der metrischen, rhetorischen oder erzählerischen Gestaltung.[34]
Die wesentlichen Punkte rekapitulierend ergibt sich, dass die verschiedenen Arten und Grade intertextueller Bezüge wohl nur durch ein Bündel von einander überschneidenden Kriterien erfassbar sind, die teils graduelle Unterschiede, teils dichotomische Entweder-oder-Alternativen anzeigen.[35] Es besteht die Option, dass ein Text bei der Übernahme einzelner Elemente die Fremdheit des ursprünglichen Kontexts und damit seine Referentialität mehr oder weniger deutlich als solche markiert. Des Weiteren kann er punktuell Anleihen machen oder sich zu großen Teilen oder auch insgesamt eines Prätextes als struktureller Folie bedienen und dabei entweder in direkter oder in indirekter Form auf den Prätext anspielen.[36] Und

---

31   Genette: *Palimpseste*, S. 19.
32   Ibid., S. 19f.
33   Ibid., S. 20.
34   Cf. Martinez: „Dialogizität, Intertextualität, Gedächtnis", S. 443.
35   Cf. Ibid.
36   Cf. Ibid.

letztlich darf nicht über seine entsprechende Beschaffenheit hinweggesehen werden, die ihn in ein größeres oder kleineres semantisches und ideologisches Spannungsverhältnis zum Prätext bringt.

3. Ein Autor und eine Autorin der Moderne

Fernando Pessoa (1888–1935) und Clarice Lispector (1920–1977) der Moderne zuzuordnen geschieht hier unter dem Gesichtspunkt, dass der Autor sowie die Autorin in das typologische Bild jener Modernen passen, „die wie Zwerge auf den Schultern der alten Riesen sitzen und" – obgleich viel kleiner als diese – „doch weiter zu sehen vermögen".[37] Im Sinne dieser Metaphorisierung der Modernen, die aus der *querelle des anciens et des modernes* hervorgegangen ist, soll im folgenden Kapitel prinzipiell das zeitlich Neue berücksichtigt werden, um mithilfe dieser Methode ein Phänomen positiv oder negativ gegen etwas Älteres – in diesem Fall die damals prävalente Literaturtradition – anheben zu können.[38]

Der Vergleich mit den Zwergen soll des Weiteren einen zusätzlichen Blickwinkel auf Fernando Pessoa und Clarice Lispector eröffnen: Ihre Individualität und die Innovationskraft ihrer Werke haben sich erst posthum zur Gänze entfaltet, Anerkennung gefunden und einen hohen Bekanntheitsgrad erlangt.

Umso interessanter wirkt dabei der Gedanke, dass sie vom heutigen Standpunkt aus betrachtet wiederum wie Riesen wirken, weil sie zunehmend zum Sujet literaturwissenschaftlicher Forschungen werden – bei Lispector besonders zu erwähnen die 2009 in englischer Sprache erschienene Biografie von Benjamin Moser *Why This World*,[39] die auf dem autobiografischen Roman Elisa Lispectors *No Exílio*[40] aufgebaut ist und zusätzlich extensives Forschungsmaterial in Form von Korrespondenzen, Zeitungsartikeln, Interviews und eine Darlegung des Gesamtwerks Clarice Lispectors beinhaltet.

Es ist in diesem Zusammenhang demnach wichtig zu bedenken, wie diese Dynamik sich vom Unbekannten zum Bekannten, vom (freiwillig) Stillen zum (unfreiwillig) Lauten sowie vom Kleinen zum Großen entwickelt hat.

Im Fall von Pessoa machen Anna Klobucka und Mark Sabine, HerausgeberInnen des Essaybandes *Embodying Pessoa – Corporeality, Gender, Sexuality*, auf einen signifikanten und paradoxen Punkt aufmerksam: Zwar werden stets aktualisierte Werkausgaben des portugiesischen Autors herausgegeben, da sein Nachlass bis heute noch nicht zur Gänze publiziert wurde – insofern bleibt das Interesse aufrechterhalten –, doch seit dem ‚Pessoa-Forschungshöhepunkt' in den 1980er-Jahren gingen die Publikationszahlen kritischer und wissenschaftlicher Arbeiten, trotz der steigenden Zahl an potenziellem Forschungsmaterial, zurück.[41]

---

37 Cf. Klinger, Cornelia: „Modern/Moderne – ein irritierender Begriff", in: *Ästhetische Grundbegriffe. Historisches Wörterbuch in sieben Bänden*, hrsg. v. Karlheinz Barck/Martin Fontius/Dieter Schlenstedt, Stuttgart, Weimar: Metzler 2000, S. 121–166, hier S. 124.
38 Cf. Baltrusch, Burghard: *Bewusstsein und Erzählungen der Moderne im Werk Fernando Pessoas*. Frankfurt a. M. [u. a.]: Lang 1997, S. 389.
39 Moser, Benjamin: *Why this World*. Oxford [u. a.]: Oxford University Press 2009.
40 Lispector, Elisa: *No Exílio*. Rio de Janeiro: José Olympio 2005.
41 Cf. Klobucka, Anna/Sabine, Mark: „Introduction: Pessoa's Bodies", in: *Embodying Pessoa. Corporeality, Gender, Sexuality*, hrsg. v. Anna Klobucka/ Mark Sabine, Toronto: University of Toronto Press 2007, S. 3–39, hier S. 4.

Vor diesem Hintergrund gilt es, den Lyriker und die Prosaistin in ihrer Rolle als Vorreiter spezifischer Tendenzen in der portugiesischen Literatur und Sprache separat zu betrachten – im Falle von Pessoa im portugiesischen und bei Lispector im brasilianischen Kontext. Sie sollen in ihrer jeweiligen Moderne positioniert werden, um dabei jene charakteristischen Züge herauszuarbeiten, die ihre Singularität ausmachen und aufgrund derer sie anfangs womöglich nicht unter den Riesen vorzufinden waren – und sich gerade deshalb von den damaligen Strömungen in der Literatur- und Kunstwelt unterschieden.

Eine kurze Einführung in deren jeweilige Biografien und ihr Schaffen soll nicht nur dabei behilflich sein, die Werke historisch einzubetten, sondern auch ein erster Schritt, einen Nexus zwischen den beiden zu etablieren.

3.1. Fernando Pessoa – Biografie

Fernando Pessoa wurde 1888 in Lissabon geboren. Nach dem frühen Tod seines Vaters übersiedelte die Mutter mit ihrer Familie nach Südafrika, da ihr zweiter Mann dort als Honorarkonsul tätig war. Pessoa erhielt in Durban eine englische Erziehung, „wodurch der angelsächsische Einfluss auf Denken und Werk des zweisprachigen Dichters beständig blieb".[42] Nach Abschluss des Gymnasiums kehrte er alleine nach Portugal zurück, immatrikulierte an der Philosophischen Fakultät der Universität von Lissabon, verließ diese aber bald darauf. Der Versuch, mithilfe einer eigenen Druckerei finanzielle Unabhängigkeit zu erlangen, scheiterte, weswegen er wohl die Arbeit als Fremdsprachenkorrespondent verschiedener Import- und Exportgeschäfte annahm.[43]

Pessoa hat zeit seines Lebens – ergo während der Jugend in Südafrika und den anschließenden Jahren in Lissabon – nicht viel veröffentlicht.[44] Er war zwar Mitbegründer dreier futuristischer und avantgardistischer Zeitschriften,[45] doch brachte es keine davon über eine Auflage hinaus. Es standen einige Publikationen in Planung, doch ob diese Schriftstücke den Weg zum Verleger aufgrund eines grundsätzlichen Zögerns oder eventuell aus gewisser Absicht seitens Pessoas nicht gefunden haben, sei dahingestellt. Zeilen wie: „Ich wünschte ein Mythenschöpfer zu sein, das Mysterium ist das Höchste, was jemand innerhalb der Menschheit schaffen kann"[46] drücken nicht nur die schriftstellerischen Ambitionen Pessoas aus. Diese unfassbar hohe Anforderung an sich selbst, die auch das verloren gegangene Gespür für das

---

42 Paz, Octavio: „Fernando Pessoa – Der sich selbst Unbekannte", in: *Portugiesische Literatur*, hrsg. v. Henry Thorau, Frankfurt a. M.: Suhrkamp 1997, S. 84–114, hier S. 84.
43 Cf. Crespo, Ángel: *Fernando Pessoa. Das vervielfältigte Leben. Eine Biographie*. Zürich: Ammann 1996, S. 62.
44 Anm.: Pessoa war bei Lebzeiten nur einem kleinen Kreis von Literaten bekannt und hatte ein einziges Buch veröffentlicht, das die Vielfalt seiner Kunst nur andeutungsweise erkennen lässt: die nationalistische „Botschaft" („Mensagem"), mit der er sich 1934 um den Antero-de-Quental-Preis des Nationalen Propaganda-Sekretariats bewarb – und ironischerweise den zweiten Platz belegte. Einen Überblick über das Leben und Schaffen Pessoas gibt z. B. das umfassende Wörterbuch zu Pessoa: Cabral Martins, Fernando (Hgg.), 2008. *Dicionário de Fernando Pessoa e do Modernismo Português*. vid. Bibliografie.
45 Mitarbeit bei „A Águia" (1912–1913) und „Acção" (1919), Mitbegründung von „A Renascença" (1914) und „Orpheu" (1915).
46 Dix, Steffen: *Heteronymie und Neopaganismus bei Fernando Pessoa*. Würzburg: Königshausen & Neumann 2005, S. 68.

real Umsetzbare mit einschließt, könnte für das oft erwähnte Scheitern in seinem Leben verantwortlich gewesen sein. Paradoxerweise wäre dann jedoch genau dieser mangelnde Glaube an sich selbst der Auslöser dafür, dass er für die gegenwärtige Leserschaft zu einem Mythenschöpfer geworden ist, oder wie Eduardo Lourenço treffend formuliert: „Em suma, e como é hábito em Pessoa, a sua ficção se autodenunciou e se propôs como o que é: um *mito*".[47]

Peter Hamm, der unter dem Titel *Sieger im Scheitern – Fernando Pessoa und Robert Walser, zwei entfernte Verwandte* biografische Ähnlichkeiten sowie vergleichbare Existenzphilosophien der beiden Autoren essayistisch erarbeitet hat, weist unter anderem auf folgende Parallelen hin:

,Er ist der verdeckteste aller Dichter', hat Elias Canetti von Robert Walser gesagt und Walsers Besonderheit darin erblickt, daß dieser *seine Motive nie ausspreche*. Bei Pessoa ist diese Motiv-Verweigerung mindestens so ausgeprägt wie bei Walser. Beide halten ausgesprochen wenig von der ‚Wahrheit' oder von Wahrheiten. [...] Für Walser wie Pessoa ist das gefährdete Ich am besten in den ‚unteren Regionen' aufgehoben, ,klein sein und bleiben' ist beider Maxime [...] Auch beider Abneigung gegen Reisen – Fernreisen – leitet sich von der Erkenntnis des Illusionscharakters der Wirklichkeit ab.[48]

Die verschiedenen Anschauungen zu Pessoas Mentalitätsspektrum können lediglich vage Spekulationen darüber auslösen, weshalb er nach seiner Schulzeit in Südafrika de facto für immer in Lissabon geblieben ist und sein Werk lange nur in vergriffenen Zeitschriften[49] aufzufinden war. Mit dem *Buch der Unruhe*,[50] das inzwischen im deutschsprachigen Raum erwähnenswerte Bekanntheit erreicht hat, wollte Pessoa selbst seine Werkausgabe eröffnen.[51] Seine Korrespondenzen mit Freunden sowie schriftstellerischen und künstlerischen Zeitgenossen, wie zum Beispiel mit Mário de Sá-Carneiro,[52] wurden teilweise posthum veröffentlicht und haben bestimmt viel dazu beigetragen, die eine oder andere Frage über ihn zu entschlüsseln. Sein eigentlicher Nachlass, den seine Familie an den portugiesischen Staat verkaufte, besteht aus ca. 27.543 Texten[53] und wird bis heute in diversen Ausgaben publiziert.

---

47   Lourenço, Eduardo: *Fernando Pessoa Revisitado*. Lisboa: Moraes Editores 1981, S. 172. Herv. i. Orig.
48   Hamm, Peter: „Sieger im Scheitern. Fernando Pessoa und Robert Walser, zwei entfernte Verwandte", in: *Fernando Pessoa. Algebra der Geheimnisse. Ein Lesebuch*. Frankfurt a. M.: Fischer, 1990, S. 117–140, hier S. 118f.
49   Cf. Lind, Georg Rudolf: „Fernando Pessoa – der vervielfachte Dichter", in: *Fernando Pessoa. Algebra der Geheimnisse. Ein Lesebuch*. Frankfurt a. M.: Fischer 1990, S. 6–27, hier S. 6.
50   Pessoa, Fernando: *Das Buch der Unruhe des Hilfsbuchhalters Bernardo Soares*. Zürich: Ammann 2003.
51   Cf. Lind: „Fernando Pessoa – der vervielfachte Dichter", S. 27.
52   Vid. als Sekundärliteratur: Perreira da Silva, Manuela (Hg.): *Cartas de Mário de Sá-Carneiro a Fernando Pessoa*. Lisboa: Assírio & Alvim 2001.
53   Cf. Lind: „Fernando Pessoa – der vervielfachte Dichter", S. 6.

3.2. Pessoas Positionierung in der portugiesischen Moderne

Und in unserer modernen Welt gibt es Dichtungen, in denen hinter dem Schleier des Personen- und Charakterspiels, dem Autor wohl kaum ganz bewusst, eine Seelenvielfalt darzustellen versucht wird. Wer dies erkennen will, der muss sich entschließen, einmal die Figuren einer solchen Dichtung nicht als Einzelwesen anzusehen, sondern als Teile, als Seiten, als verschiedene Aspekte einer höhern Einheit (meinetwegen der Dichterseele).[54]

Dieses Zitat aus Hesses *Steppenwolf* berührt angesichts der Entstehungszeit dieses Romans (1925–27) bereits einen von mehreren Punkten, die in Bezug auf Pessoas Moderne von Relevanz sind. Die zitierte „Seelenvielfalt" macht auf das aufmerksam, womit sich die Autoren jener Moderne auseinandergesetzt haben, und zwar mit dem „Ich-Zerfall",[55] der als Epochen-Motto gelten könnte, und den Rimbaud mit „Je est un autre"[56] („Ich ist ein anderer") wohl am treffendsten formuliert hat. Das Phänomen der Entpersönlichung der Lyrik gehört, laut Georges Güntert, zur Kunsttheorie der Jahrhundertwende.[57] Hinzu kommen die Zersplitterung der einheitlichen klassischen Schreibweise in der Literatur, die kulturelle Zersplitterung der Gesellschaft sowie die Entstehung eines beunruhigenden Spannungsverhältnisses zwischen begriffener Rationalität und einzelnem Subjekt. In der daraus resultierenden Aufspaltung – meistenteils einer normativen Instanz in eine kaleidoskopische Vielzahl von Lehren, Ordnungen, Orientierungen und schließlich auch ‚Wahrheiten' – scheint es obsolet geworden zu sein, von einer Ganzheit zu sprechen und macht es verbindlich, diese durch Pluralität zu ersetzen.[58]

In diesem Netz von Neupositionierungen und aufgrund der Diversifikation künstlerischer Möglichkeiten kristallisiert sich in Portugal in den Jahren von 1916 bis 1926 eine bunte literarische Bewegung heraus, „die in skandalumwitterten kurzlebigen Zeitschriften mit exzentrischer Pose und futuristischen Programmen Anschluss an die großen Umwälzungen innerhalb der europäischen Literatur suchte".[59] Aus dieser Bewegung gehen – unter zahlreichen anderen – besonders drei Namen hervor, die die damalige Literatur- und Kulturszene nachhaltig prägten: Mário de Sá-Carneiro, José de Almada Negreiros und Fernando Pessoa, wobei „Pessoa zweifellos der für die Literaturgeschichte wichtigste Vertreter avantgardistischer künstlerischer Bestrebungen"[60] ist.

Octavio Paz fasst die Grundstimmung von Pessoas Werk prägnant zusammen, indem er meint: „Das Thema der Entfremdung und der Suche nach sich selbst, im verzauberten Wald oder in der abstrakten Stadt, ist mehr als ein Thema: es ist der Stoff seines Werkes."[61] Um sich eine Vorstellung dieser Atmosphäre machen zu können, bietet folgende Aufzeichnung Einsicht in einen minimalen Teil des Ganzen:

---

54 Hesse, Hermann: *Der Steppenwolf*. Frankfurt a. M.: Suhrkamp 2007, S. 68.
55 Hamm: „Sieger im Scheitern. Fernando Pessoa und Robert Walser, zwei entfernte Verwandte", S. 127.
56 Zit. nach: Ibid., S. 125.
57 Güntert, Georges: *Das fremde Ich. Fernando Pessoa*. Berlin [u. a.]: Walter de Gruyter 1971, S. 114
58 Cf. Dix: *Heteronymie und Neopaganismus bei Fernando Pessoa*, S. 12ff.
59 Siepmann, Helmut: *Kleine Geschichte der portugiesischen Literatur*. München: C. H. Beck 2003, S. 175.
60 Ibid.
61 Paz: „Fernando Pessoa – Der sich selbst Unbekannte", S. 89.

Não sei quem sou, que alma tenho. Quando falo com sinceridade não sei com que sinceridade falo. Sou vàriamente outro do que um eu que não sei se existe (se é esses outros) [...] Sinto-me múltiplo. Sou como um quarto com inúmeros espelhos fantásticos que torcem para reflexões falsas uma única anterior realidade que não está em nenhuma e está em todas.[62]

Die eine oder ‚die' Wahrheit, an die sich andere Menschen klammern, hebt Pessoa mit den ersten zwei Sätzen auf – daraus resultieren selbstverständlich existenzielle Fragen. Doch das Bemerkenswerte ist wohl, dass mit der eigenen Identität gleichsam deren Spiegelungen, Splitter oder Schatten infrage gestellt werden, woraus ein paradoxes Sein im Nicht-Sein resultiert. Das Geschehen an sich, das Spiel zwischen den Spiegeln, alles, das sich in diesem fiktiven Licht abspielt, wird als „fantástico" (fantastisch) bezeichnet. Selbst diese Ahnung seiner Vielfältigkeit spielt sich nicht auf einer uns vorstellbaren Ebene ab, sondern auf einer Zwischenebene, genauso wie die Reflexe, die in „keinem und in allen" („não está em nenhuma e está em todas", s. o.) erscheinen. Hier kann das Geschriebene genauso als einer dieser falschen Reflexe interpretiert werden, der in jedem Leser und jedem Bewusstsein eine eigene – weder fassbare noch kontrollierbare – Realität evoziert.

Wie bereits erwähnt begann Pessoa recht früh, die eigene Existenz infrage zu stellen und wehrte sich dagegen, sich für den Mythos (im allgemeinen Sinne) oder die Rationalität entscheiden zu müssen. Aus einem solchen Zwiespalt resultieren mehrere Fragen: Wie kann ein solches Dilemma gelöst werden, beziehungsweise: Gibt es über eine fixe Entscheidung hinaus überhaupt eine andere Option? Und vor allem: Wenn die Wahl auf keinen der beiden Pole fällt, wie lautet dann die Formel für meine Identität?

Pessoa fand einen Weg: die Heteronymie. In diesem Zusammenhang wird bewusst der Begriff des ‚Weges' eingesetzt, da die Bezeichnung ‚Lösung' als inadäquat erscheint und hier Abstand zu jenen Zugängen zu Pessoas Werk eingenommen werden soll, die die Heteronymie als solche bezeichnen. Eine Lösung kann in ihrer Eindeutigkeit von Anderen verstanden und übernommen werden. Es beschreitet jedoch niemand denselben Weg und der persönliche kann niemals mithilfe irgendwelcher Mittel berechnet werden, um auf eine klare Lösung zu stoßen.

Die Erschaffung der Heteronyme wurde von Pessoa in einem Brief an seinen Freund Casais Monteiro tatsächlich dokumentiert und ist deswegen in der Forschung ein durchaus willkommenes Zeugnis, an dem man sich festhalten kann, wenn man will.[63] Es handelt sich

---

62 Pessoa, Fernando: „Para a Explicação da Heteronímia", in: *Páginas Íntimas e de Auto-Interpretação*, hrsg. v. Jacinto Prado Coelho/Georg Rudolf Lind, Lisboa: Edições Ática 1966, S. 93.
63 Anm.: Pessoa hatte nicht nur die im Brief erwähnten drei Heteronyme. Über deren wirkliche Anzahl wird bis heute gestritten. In der Pessoa-Forschung (hervorzuheben in Portugal die ExpertInnen Fernando Cabral Martins, Eduardo Lourenço und Teresa Rita Lopes) hält man sich an eine Trennung zwischen literarischen Persönlichkeiten und Heteronymen, wobei hinzukommt, dass genauso Semi-Heteronyme und Pseudonyme existieren. Aus diesem Grund entstanden u. a. viele Forschungsarbeiten zu einer möglichen Schizophrenie oder anderen mentalen Erkrankungen bei Pessoa (z. B. Saraiva, Mário: *O Caso Clínico de Fernando Pessoa*. Lisboa: Universitária Editora 1999), den spielerisch-philosophischen Aspekt dieses Briefes außer Acht lassen. Einen sehr einsichtigen Blick liefert dabei folgender Essay: Stegagno Picchio, Luciana: „Filologia vs. Poesia? Eu Defendo o ‚Dia Triunfal'", in: *Bibliografia e Antologia Crítica das Vanguardas Literárias*, hrsg. v. David K. Jackson, Frankfurt a. M.: Vervuert 2003, S. 481–491.

dabei um die drei ‚wichtigsten' Heteronyme Pessoas, auf die sich diese Arbeit im Folgenden auch konzentrieren wird. In diesem Brief schreibt er:

> Num dia em que finalmente desistira – foi em 8. de Março de 1914 – acerquei-me de uma cómoda alta [...]. Escrevi trinta e tantos poemas a fio, numa espécie de êxtase cuja natureza não conseguirei definir. Foi o dia triunfal da minha vida [...]. E o que seguiu foi o aparecimento de alguém em mim, a quem dei desde logo o nome de Alberto Caeiro. Desculpe-me o absurdo da frase: aparecera em mim o meu mestre. [...] Aparecido Alberto Caeiro, tratei logo de lhe descobrir – instintiva e subconscientemente – uns discípulos. Arranquei do seu falso paganismo o Ricardo Reis latente, descobri-lhe o nome, e ajudei-o a si mesmo, porque nessa altura já o *via*. E, de repente, [...] surgiu-me impetuosamente um novo indivíduo. Num jacto, e à maquina a máquina de escrever, sem interrupção nem emenda, surgiu a *Ode Triunfal* de Álvaro de Campos – a Ode com esse nome e o homem com o nome que tem.[64]

Das heteronymische Wesen war für ihn die Ermöglichung, sich nicht zwischen dem Mythos oder dem Logos entscheiden zu müssen,[65] denn jedes der/seiner Heteronyme steht für eine andere Weltsicht. Auf diese Weise entstanden zahlreiche Werke, die nicht eindeutig Pessoa zuzuordnen sind. Um die Vorstellung zu vereinfachen, muss im Auge behalten werden, dass es sich bei einem Heteronym um einen „[...] von Pessoa geschaffenen Charakter handelt, auf den er aber in seiner Eigenart keinen Einfluss mehr besitzt, da es sich um eine eigenständige Denk- und Handlungsweise eines ‚realen' Akteurs in einem ‚realen' Drama handelt".[66]

Von diesem Zeitpunkt an beginnt jedenfalls das, was als ‚Drama em Gente' (Drama in Personen) bezeichnet wird. Die drei genannten Heteronyme diskutieren untereinander, sie treffen, kritisieren und loben sich. Pessoa versucht dabei „seine Subjektivität zugunsten einer größtmöglichen, im Drama dargestellten Objektivität, aufzugeben [...] und darf nicht als ihr Schöpfer erscheinen und die Persönlichkeiten nicht manipulieren."[67]

In seiner Studie *Bewusstsein und Erzählungen der Moderne im Werk Fernando Pessoas* hat Baltrusch, anhand der herausgearbeiteten Strukturen für moderne Lyrik von Hugo Friedrich, jene Teilanalysen exzerpiert, die exemplarisch für viele Entwicklungen des beginnenden Jahrhunderts waren und bei Pessoa wiederzufinden sind. Daraus gehen, unter anderem, „die Intellektualisierung der Dichtung, das Zusammentreffen von Dichtung und ranggleicher Reflexion über Dichtung, leere Transzendenz, inhaltslose Idealität, Leidenschaft zum Unbekannten" sowie „Mystik des Nichts, Wirklichkeitsflucht und Entpersönlichung bzw. Enthumanisierung"[68] hervor. Dieser Querschnitt an Attributen, dem je nach Interpretation seines Werks eines entnommen beziehungsweise hinzugefügt werden kann, schließt sehr eng an Lourenços Definition des portugiesischen Modernismus an:

---

64   Pessoa, Fernando: „A Génese dos Heterónimos. (De uma Carta a Adolfo Casais Monteiro)", in: *O Rosto e as Máscaras*, hrsg. v. David Mourão-Ferreira, Lisboa: Edições Ática 1976, S. 165.
65   Dix: *Heteronymie und Neopaganismus bei Fernando Pessoa*, S. 66.
66   Ibid., S. 62.
67   Ibid., S. 60.
68   Baltrusch: *Bewusstsein und Erzählungen der Moderne im Werk Fernando Pessoas*, S. 178.

[…] para Lourenço o Modernismo é um episódio maior da moderna perda da presença do ser no mundo: e, sendo assim, este devir é resumido em Pessoa, com um anexo — significativo, mas derivado — em Sá-Carneiro (e com uma nítida ascendência em Pessanha, e mesmo em Antero).[69]

3.3. Clarice Lispector – Biografie

Clarice Lispector wurde als Tochter jüdischer Eltern im ukrainischen Dorf Tschetschelnik geboren. Ihr Geburtsort war, historischen Zeugnissen[70] zufolge, jedoch nur eine Station, und anders als ihre zwei älteren Schwestern sollte sie sich nie an diesen Abschnitt ihrer Familiengeschichte erinnern. Denn ihre Eltern waren mit ihren drei Töchtern auf der Flucht vor den sowjetischen Pogromen – 1921 gelang ihnen die Überfahrt nach Brasilien. Sie ließen sich vorerst in der nordöstlichen Stadt Maceió nieder und übersiedelten später nach Recife. Die erste Assimilierung an diese neue Umgebung erfolgte durch die Änderung ihrer Vornamen: Vater Pinkhas wurde zu Pedro, Mutter Mania zu Marieta, Leah zu Elisa, Tania blieb unverändert – und aus Chaya, was auf Hebräisch so viel bedeutet wie „Leben",[71] wurde Clarice.

In der Gymnasialzeit begann sie Kurzgeschichten zu verfassen und mit 13 Jahren hatte sie „beschlossen, Schriftstellerin zu werden".[72] Sie war eine überdurchschnittlich gute Schülerin und stach aufgrund ihrer Neugier und ihres Gerechtigkeitssinns aus der Gruppe der Gleichaltrigen hervor. Womöglich beeinflusste sie letzteres bei der Wahl des Studiums, nachdem ihr Vater mit ihr und ihren Schwestern nach Rio de Janeiro gezogen war, um seinen Töchtern bessere Zukunftschancen bieten zu können. Als eine von wenigen Frauen absolvierte Lispector 1943 ihr Jurastudium. Doch ihre eigentliche Leidenschaft blieb das Schreiben. Noch im gleichen Jahr erschien ihr erster Roman mit dem Titel *Nahe dem wilden Herzen* (*Perto do Coração Selvagem*[73]), der innerhalb der Literaturszene für Aufsehen sorgte und für den sie den in Literaturkreisen angesehenen Graça-Aranha-Preis erhielt. Vergleiche mit Virginia Woolf und James Joyce wurden aufgestellt, die Clarice jedoch gelegentlich verärgerten.[74] Sie wollte nicht verglichen werden, sondern für etwas Eigenständiges stehen.

Die Heirat mit dem Diplomaten Maury Gurgel Valente brachte eine entscheidende Wende in ihr Leben. Von nun an war ihr Alltag von Reisen gekennzeichnet: Ägypten, Portugal, Italien, Frankreich und Polen standen, unter vielen weiteren Ländern, auf der Liste – in der Schweiz und den USA verbrachte sie zudem mehrere Jahre, in denen sie auch zwei Söhne gebar.

Lispector widmete ihr Leben ab diesem Zeitpunkt vollkommen dem Schreiben. 1946 wurde bereits *Der Leuchter* (*O Lustre*),[75] ihr zweiter Roman, veröffentlicht. Es folgten, unter ande-

---

69 Zit. nach: Silvestre, Osvaldo: „Modernismo", in: *Dicionário de Fernando Pessoa e do Modernismo Português*, hrsg. v. Fernando Cabral Martins, Lisboa: Caminho 2008, S. 475.
70 Cf. Moser, Benjamin: *Why this World*. Oxford [u. a.]: Oxford University Press 2009, S. 32.
71 Ibid., S. 33.
72 Cf. ibid., S. 79.
73 Lispector, Clarice: *Perto do Coração Selvagem*. Lisboa: Relógio D'Água 2000.
74 Cf. Gotlib, Nádia Battella: *Clarice Fotobiografia*. São Paulo: Editora da Universidade de São Paulo; Imprensa Oficial do Estado de São Paulo 2008, S. 165.
75 Lispector, Clarice: *O Lustre*. Rio de Janeiro: Rocco 1998.

ren, die Romane *Die besetzte Stadt* (*A Cidade Sitiada*, 1949),[76] *Der Apfel im Dunkeln* (*A Maçã no Escuro* 1961),[77] von denen besonders ihr letzter, *Die Sternstunde* (*A Hora da Estrela*, 1977),[78] – posthum – Anklang bei einer breiteren Leserschaft fand. Auch die Erzählbände *Laços de Família*[79] (1960) und *A Legião Estrangeira*[80] (1964) verhalfen ihr zu Anerkennung innerhalb der brasilianischen Literaturkritik.

Clarice schrieb nicht nur Prosa, sondern war auch als Journalistin tätig. Bereits während ihrer Studienzeit arbeitete sie als Reporterin bei *A Noite* und publizierte regelmäßig in Zeitungen. Jahre später, nach ihrer Scheidung, war sie – wahrscheinlich aus finanziellen Gründen – längerfristig Redakteurin bei der Frauenzeitschrift *Diário da Noite*. Während dieser Zeit schrieb sie als Ghostwriterin für die Schauspielerin Ilka Soares Kolumnen zu diversen Frauenthemen, die im Sammelband *Correio Feminino*[81] in Rubriken wie beispielsweise *Retrato de Mulher*, *Saber Viver nos Dias que Correm* und *Aulas de Sedução* zusammengefasst wurden. Bekannt wurde auch ihre Interviewreihe mit prominenten Persönlichkeiten wie Jorge Amado, Pablo Neruda, Vinícius de Moraes, Chico Buarque und Oscar Niemeyer, die 1975 unter dem Titel *Mit dem ganzen Körper* (*De Corpo Inteiro*)[82] publiziert wurde.[83] Darüber hinaus verfasste sie auch Kinderbücher.

In Bezug auf deutsche Übersetzungen ist hinzuzufügen, dass Lispector im deutschsprachigen Gebiet weder qualitativ noch quantitativ adäquat vertreten ist – im Gegensatz zu Frankreich oder dem angelsächsischen Raum liegt hier nicht einmal die Hälfte ihrer Einzelpublikationen in Übersetzung vor. Die oft zitierten und famosen *Crónicas* sind zum Beispiel seit Langem auf Französisch in einem 600-seitigen Auswahlband greifbar.[84]

Sehr erfreulich ist die Tatsache, dass 2012 in den USA eine Neuauflage[85] von *PdCS* in einer Neuübersetzung von Alison Entrekin erschien. Herausgeber ist Benjamin Moser, der 2009 die bereits erwähnte Biografie Lispectors *Why this World* publizierte. Dieses Ereignis erinnert an das Jahr 1963, als Francisco Alves mit einer erneuten Auflage von *PdCS* Lispectors Frühwerk aufleben ließ.[86]

In dieser Reihe des Verlags New Directions Book wurden ebenfalls die Romane *The Passion According to G.H.*,[87] *A Breath of Life*[88] und *Água Viva*[89] veröffentlicht.

---

76 Lispector, Clarice: *A Cidade Sitiada*. Rio de Janeiro: Rocco 1998.
77 Lispector, Clarice: *A Maçã no Escuro*. Rio de Janeiro: Livraria Francisco Alves, 1992.
78 Lispector, Clarice: *A Hora da Estrela*. Rio de Janeiro: Rocco 1998.
79 Lispector, Clarice: *Laços de Família*. Rio de Janeiro: Rocco 2007.
80 Lispector, Clarice: *A Legião Estrangeira*. Rio de Janeiro: Rocco 1999.
81 Lispector, Clarice: *Correio Feminino*, hrsg. v. Aparecida Maria Nunes, Rio de Janeiro: Rocco 2006.
82 Lispector, Clarice: *De Corpo Inteiro*. São Paulo: Editora Siciliano 1992.
83 Cf. Ring, Ano: „Clarice Lispector – Weibliche Impulse für die zeitgenössische brasilianische Prosa", in: *Lateinamerikanische Literaturen*, hrsg. v. Christoph Links, Berlin [u. a.]: Europäischer Verlag der Wissenschaften 1992, S. 136–147, hier S. 137.
84 Cf. Ingold, Felix Philipp: „Das Geheimnis der Sphinx. Vom jüdischen Schtetl in die brasilianische Metropole – Clarice Lispectors langer Weg zu kurzfristigem Ruhm", *Neue Zürcher Zeitung* Nr. 271 (2011): S. 69.
85 Lispector, Clarice: *Near to the Wild Heart. New Translation by Alison Entrekin*. New York: New Directions Book 2012.
86 Cf. Moser: *Why this World*, S. 261.
87 Lispector, Clarice: *The Passion According to G.H.* New York: New Directions Book 2012.
88 Lispector, Clarice: *A Breath of Life*. New York: New Directions Book 2012.
89 Lispector, Clarice: *Água Viva*. New York: New Directions Book 2012.

3.4. Lispectors Positionierung in der brasilianischen Moderne

Clarice Lispectors Werk ist innerhalb der Literaturwissenschaft, hinsichtlich ihres gattungs- und grenzüberschreitenden Stils, mittlerweile aus unzählig vielen Blickwinkeln interpretiert worden. Und ständig scheinen sich neue Türen zu öffnen, um ihre sehr subjektiven und komplexen Texte zu erschließen.
Ihre Romane und Erzählungen handeln – auf das Essenziellste reduziert – von der Suche nach dem eigenen Ursprung und vom Paradoxon, sich durch die Sprache eher der Welt und den Menschen zu entfremden und sich von ihnen zu entfernen, als ihnen näher zu kommen.
Die Rezeption ihres Werks innerhalb brasilianischer Kreise wird meist in zwei Etappen geteilt: Zuerst erreicht sie mit der Veröffentlichung des ersten Romans einen akademischen Leserkreis, und Jahre später, 1960, erfeut sich die Kurzgeschichtensammlung *Laços de Família* bei einem breiten Publikum großer Popularität. Insofern ist wesentlich, dass Benedito Nunes[90] diesem Prozess eine dritte Phase hinzufügt:

> Conhecida apenas entre críticos e escritores na primeira fase, que começa com a publicação de seu livro de estréia, o romance *Perto do Coração Selvagem* (1944), a maior recepção deu-se na segunda, a partir de 1959 [...]. Creio que a morte da autora abriu uma terceira fase de recepção à sua obra, condicionada às peculiaridades de dois livros, *A Hora da Estrela*, [...] e *Um Sopro de Vida*, publicado postumamente.[91]

Die späteren Romane führten etwas fort, so Nunes, was im ersten bereits angelegt war – sie sind „centrado[s] na experiência interior, na sondagem dos estados da consciência individual, que principia em *Perto do Coração Selvagem*".[92] Diese ‚Eigenheit' der Texte – das Erheben des individuellen Bewusstseins zur eigentlichen Substanz der Narration –, die den lispectorschen Schaffenskreis durchzieht und auch schließt, war für die brasilianische Moderne eine Neuheit:

> Esse romance de estreia [...] trouxe para a literatura brasileira, como foco da arte de narrar, com as implicações estéticas e formais consequentes — do monologo interior à quebra da ordem causal exterior, das oscilações do tempo como duração (*durée*) ao esgarçamento da acção romanesca e do enredo —, a perspectiva da introspecção, comum à novelística moderna. Mas em vez de construir um foco fixo [...] ofereceria o conduto para a *problematização das formas narrativas tradicionais* em geral e da posição do próprio narrador em suas relações com a linguagem e a realidade, *por meio de um jogo de identidade da ficcionista consigo mesma e com os seus personagens* [...].[93]

---

90 Anm.: Nunes war Literaturkritiker, Schriftsteller und langjähriger Bekannter Clarice Lispectors.
91 Nunes, Benedito: „Clarice Lispector ou o Naufrágio da Introspecção", in: *Colóquio Letras (Nr. 70)*, Lisboa: Fundação Calouste Gulbenkian 1982, S. 13–22, hier S. 13, Herv. i. Orig.
92 Ibid., S. 14.
93 Ibid., Herv. i. Orig.

Lispector gelang es demnach, die ‚traditionellen' Erzählstrukturen und das Verhältnis zwischen Realität und Sprache in einen neuen Diskurs zu bringen – und scheute sich dabei auch nicht, ein Maskenspiel zwischen Autorin und Protagonisten zu initiieren. Die Distanz zwischen der Autorin, der Erzählerin (bzw. des Erzählers) und der Romanfiguren wurde immer kleiner, die filigrane Wand durchbrochen und infragegestellt: Ein Verwirrspiel und die Suche nach dem Ursprung des Wortes begann.

Aus europäischer Sicht mag es beinahe sonderbar erscheinen, dass eine junge Autorin, die in ihren Romanen den Fokus auf sich ver(w)irrende Introspektionen und das Bewusstsein ihrer Protagonistinnen und Protagonisten legt – und dabei die kontroverse Frage nach der Erzählerin (bzw. dem Erzähler) und dem Erzählten aufwirft – 1943 in Brasilien für Wirbel sorgt. Einige dieser Gründe sind eng mit der Geschichte des Landes und Lispectors unmittelbaren Vorgängern verknüpft. Anders als in Europa, wo sich zwischen 1910 und 1940 eine überschaubare Anzahl von avantgardistischen Strömungen bildete, die aufgrund ihrer klaren Bezeichnung gewissermaßen katalogisiert und geordnet werden können – wie der Futurismus, Dadaismus, Kubismus, Expressionismus und Surrealismus – trifft man in Lateinamerika auf eine sich über den ganzen Kontinent erstreckende avantgardistische Strömung, deren Beweggründe anderen Ursprungs sind und die keinesfalls wie in Europa dieselben homogenen Züge aufweisen.[94] Die Ästhetik erhielt eine gesellschaftspolitische Note: In Lateinamerika kam es nicht zu einer Trennung zwischen literarisch-künstlerischer und politischer Avantgarde wie in Europa – sie blieb mit den kulturellen und politischen Problemen des Kontinents verknüpft.[95]

Heinz Krumpel weist zwar darauf hin, dass sich durchaus auch einige schulische Richtungen darunter entwickelten, beispielsweise der Diepalismo[96] oder Estridentismo,[97] macht gleichzeitig aber auf die sehr spezielle Form dieser avantgardistischen Ausdrucksformen aufmerksam: das Manifest.

Brasilien erhielt 1922 mit der in São Paulo stattfindenden Semana de Arte Moderna (Woche der modernen Kunst) ein Sprachrohr, das die Kommunikation von Forderungen, Änderungen und Ideen von verschiedensten Künstlerinnen und Künstlern über die Landesgrenzen hinaus ermöglichte. Es handelte sich um ein einwöchiges Treffen von Kunstschaffenden und Intellektuellen, die mit Vorträgen, Ausstellungen, Konzerten und Aufführungen einen Meinungsaustausch anregten und ihre eigenen Konzepte überdachten. Im Vordergrund stand dabei nicht nur der Bruch mit der Vergangenheit, sondern auch der mit den bis dahin prävalenten europäischen Idealen.

Einen entscheidenden Ton innerhalb der modernistischen Bewegung gab Oswald de Andrade mit seinem *Manifesto Pau Brasil*[98] (*Brasilholzmanifest*) an: 1924 verfasst, plädiert er darin für eine autonome brasilianische Kunst, die sich unter dem Motto „Export- statt Importpoesie"[99]

---

94   Cf. Krumpel, Heinz: *Philospohie und Literatur in Lateinamerika. 20. Jahrhundert*. Frankfurt a. Main: Europäischer Verlag der Wissenschaften 2006, S. 120.
95   Cf. ibid., S. 121.
96   1921 auf Puerto Rico von José Isaac de Diego Padró und Luis Palés Matos gegründet. Dichtung, die sich mit den klanglichen Ausdrucksmöglichkeiten der Sprache und der Lautmalerei auseinandersetzt.
97   1921 in Mexiko von Manuel Maples Arce verfasst. Fordert Bruch mit herrschenden Vorstellungen innerhalb der Kunst und Kultur; Verzicht auf einheitliche Perspektivierung, Ausschmückungen, grammatisch korrekte Bezüge. Vid. Kapitel „Modernismo und frühe Avantgardebewegungen (1880–1930)", in Rössner, Michael (et al.): *Lateinamerikanische Literaturgeschichte*.
98   Erschienen in: *Correio da Manhã, 18 de Março de 1924*.
99   Rössner, Michael/Berg, Walter Bruno: *Lateinamerikanische Literaturgeschichte*. Stuttgart: Metzler 2002, S. 230.

nicht von eingeschlichenen Ideen aus Europa beeinflussen lassen soll. Vier Jahre darauf folgt das *Menschenfresser-Manifest*, o *Manifesto Antropófago*,[100] in dem von der Loslösung vom westlichen Rationalismus die Rede ist. Das Konzept der Anthropophagie versucht dabei, sich „über den engeren Bereich der Literatur hinaus in jene Sphäre der Einheit von Kunst und Leben vorzutasten, die auch für den surrealistischen Ansatz typisch ist".[101] Ebenfalls 1928 erschien Mário de Andrades *Macunaíma*,[102] der Roman über einen Helden ohne Charakter, der zum Hauptwerk des brasilianischen Modernismus wurde.

Doch die radikalen Forderungen und Erneuerungen der Modernistinnen und Modernisten unterschieden sich wesentlich vom innovativen Ton Lispectors, wie auch Antonio Candido anmerkt: „Esses eram homens de guerra literária e inventaram linguagens como armas conscientes de choque, para derrubar a cidadela acadêmica. Neles, a inovação foi inseparável do saudável escândalo transformador [...]."[103] Auf die revolutionistischen Jahre innerhalb der Literaturszene folgte eine Generation von Schriftstellern, die sich größtenteils dem neonaturalistischen Stil verschrieb und von den Umwälzungen und Freiheiten, die die vorangegangene Dekade mit sich brachte, profitierte. Das Hauptaugenmerk wurde auf die brasilianische Gesellschaft und deren Probleme gelegt. Sie analysierten den Menschen in unterschiedlichen Regionen – vor allem im Nordosten Brasiliens –, die Konstellationen der verschiedenen Schichten und die teilweise heiklen Dynamiken, die daraus resultierten. Dabei wurde der Oralität ein besonderer Stellenwert zugeschrieben, weswegen das Thema per se bisweilen in den Hintergrund rückte. Candido erkennt darin aber auch einen positiven Aspekt:

> O feito mais saliente desses romancistas quanto à fatura foi talvez a desqualificação definitiva do tom "elevado", por meio da valorização da fala quotidiana, que teve uma hora de triunfo nas mãos de autores que soubera, incorporá-la com êxito ao texto. Uns, como José Lins do Rego, comunicavam à página o próprio ritmo expressivo da oralidade. Outros, como Graciliano Ramos, adaptavam a linguagem erudita à naturalidade requerida pelo momento.[104]

Die Grenzen der Kreativität waren also nicht mehr abgesteckt, der Mut zum Experimentieren gegeben – es wurde nicht nur möglich, etwas gegen die europäische Kunst anzuheben, sondern auch den ziemlich steif gewordenen Verhältnissen in der Kultur neues Leben einzuhauchen.
Der nächste oft zitierte Einschnitt erfolgte um 1945, als eine junge Autorin und ein junger Autor es wagten, etwas völlig Neues mit dem Medium Sprache auszuprobieren und somit dem, aus kritischer Distanz betrachteten, relativ kurzen Modernismo eine neue Facette verliehen, beziehungsweise – etwas drastisch formuliert – diesen ablösten:

> A serious new formal concern took hold of Brazilian fiction, corresponding generally to the Neo-Modernism of the "Generation of '45" in poetry, and two new giants of

---

100 Erschienen in: *Revista de Antropofagia, Ano 1, No. 1, Maio de 1928.*
101 Rössner/Berg: *Lateinamerikanische Literaturgeschichte*, S. 232.
102 Andrade, Mário: *Macunaíma. O Herói sem nenhum Caráter.* Lisboa: Edições Antígona 1998.
103 Candido, Antonio: „No Começo era de Fato o Verbo", in: *A Paixão Segundo G. H. Edição Crítica*, hrsg. v. Benedito Nunes, Madrid [u. a.]: Coleção Archivos 1996, p. XVII-XIX, hier S. XVII.
104 Ibid., S. XVIII.

both long and short prose fiction – João Guimarães Rosa and Clarice Lispector – began to advance on the Brazilian literary scene [...].[105]

Guimarães Rosa und Lispector war es wichtig, ein neues Gleichgewicht zwischen Thema und Wort zu etablieren, ergo weder so massiv vorzugehen wie die Modernisten noch nach strikten Mustern zu verfahren wie beispielsweise die Regionalisten.
Im Fall von Lispector fasst Candido zusammen:

> A jovem romancista ainda adolescente estava mostrando à narrativa predominante em seu país que o mundo da palavra é uma possibilidade infinita de aventura, e que antes de ser coisa narrada a narrativa é forma que narra. De fato, o narrado ganha realidade porque é instituído, isto é, suscitado como realidade própria por meio da organização adequada da palavra. [...] O mundo misterioso era expansão do mistério próprio do verbo.[106]

Lispector gelang es, eine neue Ebene der Literatur zum Vorschein zu bringen, die in ihrem philosophischen Grad und in ihrer Abstraktion zugleich eine andere Position zum Leser einnahm. Ihr Werk ist aufgrund der abrupten Erzählweise und labyrinthhaften Introspektionen eine subtile Herausforderung, die Sprache als Medium und den selbstverständlichen Umgang mit ihr zu hinterfragen – und betrat damit Neuland.

Allen bisher genannten maßgeblichen Aspekten, die Lispector bereits mit ihrem ersten Roman einbrachte, ist noch ein weiterer hinzuzufügen: Lispector thematisierte die Problematik der Aufspaltung der Erzählinstanz erst sehr spät in einer ihrer Chroniken, die 1968 unter dem Titel *Fernando Pessoa me Ajudando* erschien. Darin ging es ihr konkret um die Wahrung der eigenen Intimität, die sie durch das Verfassen der Chroniken als gefährdet ansah: „É que escrevo ao correr da máquina e, quando vejo, revelei certa parte minha."[107] Insofern war Fernando Pessoa für eine theoretische Auseinandersetzung mit der Distanzwahrung – dem hilfreichen ‚Als ob' – beinahe unumgänglich, besonders als sie ein Zitat von ihm las: „Falar é o modo mais simples de nos tornarmos desconhecidos."[108]

Wahrscheinlich war es ebendiese Chronik, die Benedito Nunes und Nádia Battella Gotlib dazu veranlasste, Lispector und Pessoa in zwei für diese Arbeit wichtigen literaturwissenschaftlichen Artikeln zusammenzuführen. Nunes' *Clarice Lispector ou o Naufrágio da Introspecção* erschien 1982, Gotlibs *Olhos nos Olhos (Fernando Pessoa e Clarice Lispector)* 1989. Nunes spricht bei der Analyse von *A Hora da Estrela*[109] gar von „Heterónimos da romancista"[110] und argumentiert folgendermaßen:

---

105 Daniel, Mary L.: „Brazilian fiction from 1900 to 1945", in: *The Cambridge History of Latin American History. Brazilian Literature*, hrsg. v. Roberto González Echevarría, Cambridge: Cambridge University Press 1996, S. 157–189, hier S. 187.
106 Candido: „No Começo era de Fato o Verbo", S. XIX.
107 Lispector, Clarice: *A Descoberta do Mundo*. Rio de Janeiro: Nova Fronteira 1984, S. 195.
108 Gotlib, Nádia Battella: „Olhos nos Olhos. Fernando Pessoa e Clarice Lispector", in: *Remate de Males (9). Revista do Departamento de Teoria Literária*, Campinas: Universidade Estadual de Campinas 1989, S. 139–145, hier S. 139.
109 Lispector, Clarice: *A Hora da Estrela*. Rio de Janeiro: Rocco 1998.
110 Nunes: „Clarice Lispector ou o Naufrágio da Introspecção", S. 21.

> [...] Lispector expõe-se quase sem disfarce, exibindo-se lado a lado de seus personagens, também ela *persona*, na condição patética do escritor (culposo relativamente a Macabéa), que finge ou mente para alcançar uma certa verdade da condição humana — mas sabendo que mente, como se numa réplica ao dito cartesiano *Eu que penso, sou, o Cogito* do filósofo René Descartes, ela se perguntasse permanentemente *Eu que narro, quem sou?*[111]

Und Gotlib schließt aus ihrer Gegenüberstellung von *A Paixão Segundo G. H.* und Pessoas drittem Gedicht in *Chuva Oblíqua*:

> Pois é este "drama em gente" experimentado, entre outros, entre o **de dentro** e **de fora** de cada um, em projeção no outro, que se efetiva um processo de linguagem sob a forma de romance, em Clarice Lispector, no seu livro **A Paixão segundo G.H.**, e sob a forma de poesia, na "Chuva Oblíqua", de Fernando Pessoa-ele mesmo, em que ambos desenham, e cada um a seu modo, esta viagem em direção a uma **identidade**, à procura de **pessoas**, que se configuram, afinal, em **ninguém** e **nada**.[112]

Gewollt oder ungewollt – es besteht an dieser Stelle keine bibliografische Referenz – paraphrasiert Gotlib zusätzlich Pessoas Worte, die bereits im Kapitel *Pessoas Positionierung in der portugiesischen Moderne* genannt wurden. Es handelt sich um Worte, die die Bedeutung der Heteronyme beschreiben: „Sou como um quarto com inúmeros espelhos fantásticos que torcem para reflexões falsas uma única anterior realidade que não está em **nenhuma** e está em **todas**."[113] Der Unterschied besteht darin, dass Pessoa das Spiel der Spiegelung zulässt; Gotlibs Auffassung nach existiert keine Reflexionsfläche. Und dieses ‚aktive' Element, das auch für Pessoa essenziell ist, wird in weiterer Folge für die vorliegende Abhandlung von Bedeutung sein.

Besonders interessant an Gotlibs Analyse ist des Weiteren das Anfügen eines Exkurses, in dem sie konstatiert, mehrere Verbindungslinien zwischen der brasilianischen Autorin und dem portugiesischen Poeten erkannt zu haben. Der einzige zu kritisierende Punkt bei dieser Betrachtung ist die von ihr etablierte Parität von Pessoa und seinem Heteronym Alberto Caeiro, von dem aber abgesehen werden kann, wenn Pessoa und Caeiro nicht als von einander unterschiedene Personen betrachtet werden:

> Clarice acusa, em crônica "o Uso do Intelecto", que, se muito usado, converte-se em vício, quando, então, "já não podemos colher as coisas de mãos limpas, diretamente na fonte". Tal como Caeiro, para quem "O essencial é saber ver,/Saber ver sem estar a pensar,/Saber ver quando se vê/E nem pensar quando se vê/Nem ver quando se pensa".[114]

---

111   Nunes: „Clarice Lispector ou o Naufrágio da Introspecção", S. 21, Herv. i. Orig.
112   Gotlib: „Olhos nos Olhos. Fernando Pessoa e Clarice Lispector", S. 140. Herv. i. Orig.
113   Pessoa, Fernando: „Para a Explicação da Heteronímia", S. 93. Herv. v. Verf.
114   Gotlib: „Olhos nos Olhos. Fernando Pessoa e Clarice Lispector", S. 142.

Lispector ließ die Grenzen zwischen den Erzählerpositionen („Vejo a nordestina se olhando ao espelho e – um rufar de tambor – no espelho aparece o meu rosto cansado e barbudo. Tanto nós nos intertrocamos."[115]) und in weiterer Folge sogar zwischen Autorin und Erzähler/-in fast unmerklich ineinander übergehen. Sie verdoppelte sich im Verhältnis zu ihren Figuren, um aus dieser ästhetischen Distanz auch wieder zu sich selbst zurückfinden zu können. Sie war sich dieses Identitätsspiels, wie aus Kommentaren in den Chroniken hervorgeht, durchaus bewusst, ging aber nicht detaillierter darauf ein.

Deshalb sind die Analysen Nunes' und Gotlibs von hoher Relevanz: Sie fügen Lispectors Werk nicht nur ein weiteres modernes Attribut bei, sondern schlagen eine – wenn auch filigrane – Brücke zwischen den Modernen in der Lusophonie. Hier wird das oft in Zusammenhang mit Lispector zitierte Thema der Introspektion um die Frage der Seelenvielfalt, des Ich-Zerfalls und der Entpersönlichung erweitert. Dass Nunes und Gotlib dazu zwei unterschiedliche Romane heranziehen, bekräftigt die vorliegende Studie darin, den Spuren dieser modernen (Bewusstseins-)Züge, die Pessoas Œuvre kennzeichnen, zu folgen, um deren Präsenz in Lispectors erstem Roman zu ermitteln.

In diesem Sinne rekapituliert Gotlib:

A força destas duas consciências, de Pessoa e Clarice, situadas num tempo moderno de sentidos que se perderam, e cuja obra, em viagem, procura recuperar, inventando outros, promove, com empenho suicida, até a desistência e a indiferença, a destruição do que o tempo lhes concedeu.[116]

3.4.1. Exkurs: Kritikspiegel

Mit der Positionierung von Fernando Pessoa und Clarice Lispector in der Moderne wurde ein Überblick über deren Schaffen und Wirken in ihren jeweiligen Epochen ausgearbeitet. Diese Informationen beziehen sich jedoch auf die Vergangenheit. Was geschah aber in der Zwischenzeit und wie sieht der Forschungsstand gegenwärtig aus?

In Anbetracht dessen, dass sich die vorliegende Arbeit vordergründig auf *Perto do Coração Selvagem* bezieht und einen intertextuellen Konnex zur literarischen Konstellation der drei Heteronyme Pessoas etablieren wird – und somit Lispectors Roman die Ausgangsbasis ist – richtet sich der Fokus in diesem Exkurs auf die brasilianische Autorin. Hierbei sollen nicht nur jene Diskurse ermittelt werden, die bei der Analyse ihres Werk bis dato vordergründig miteinbezogen wurden – dazu zählt Bailey „sobretudo três pontos centrais: a dimensão filosófica-existencial, a construção formal e o estilo narrativo, bem como a questão do feminino"[117] –, sondern auch die ein wenig außer Acht gelassenen Blickwinkel, die innerhalb der Literaturkritik noch weitere spannende Facetten ihres Œuvres ersichtlich machen könnten. Es gestaltet sich schwierig, unter diesen Gesichtspunkten eine Auswahl zu treffen – schließlich

---

115 Lispector, Clarice: *A Hora da Estrela*. Rio de Janeiro: Rocco 1998, S. 22.
116 Gotlib: „Olhos nos Olhos. Fernando Pessoa e Clarice Lispector", S. 143.
117 Cf. Bailey, Cristina Ferreira-Pinto: „Clarice Lispector e a Crítica", in: *Clarice Lispector. Novos Aportes Críticos*, hrsg. v. Cristina Bailey Ferreira-Pinto/Regina Zilberman, Pittsburgh: Serie Antonio Cornejo Polar 2007, S. 7–25, hier S. 8.

bestätigt auch Bailey: „Lispector, ao longo da sua obra, transgride géneros narrativos e limitações de género."[118] Im Prinzip kann dem nur angefügt werden, dass Lispector diese Genre-Überschreitung bereits mit ihrem ersten Roman gelungen ist.

3.4.2. Der Erzählstil

Ein literarischer Einfluss von Virigina Woolf und James Joyce auf Lispector war für die meisten Kritiker besonders nach dem Erscheinen ihres ersten Romans eindeutig, wie nicht zuletzt Alfredo Bosi anmerkt:

> Quando apareceu *Perto do Coração Selvagem*, romance de uma jovem de dezessete anos, a crítica mais responsável, pela voz de Álvaro Lins, logo apontou-lhe a filiação: „Nosso primeiro romance dentro do espírito e da técnica de Joyce e Virigina Woolf." E poderia ter acrescentado o nome de Faulkner.[119]

Auch wenn Lispector sich vehement gegen solche Vergleiche wehrte und jedweden Einfluss negierte, hat sie in gewisser Weise selbst einen Teil dazu beigetragen, dass sich die Kritiker in der Anfangsphase speziell auf diese Verbindungslinie konzentrierten. Erzürnt schrieb sie deswegen 1944 in einem Brief an ihre Schwester Tania: „Escrevi para ele [Anm.: o crítico Álvaro Lins] dizendo que não conhecia Joyce nem Virginia Woolf nem Proust quando fiz o livro, porque o diabo do homem só faltou me chamar de representante comercial deles",[120] ließ bei dieser Debatte jedoch stets das ‚Detail am Rande' aus: Das Epigraf von *Perto do Coração Selvagem* stammt aus Joyces Roman *A Portrait of the Artist as a Young Man* und lautet: „Ele estava só. Estava abandonado, feliz, perto do selvagem coração da vida".[121] Hinzu kommen die Parallelen zwischen Lispectors Protagonistin Joana und Joyces Stephen – es wird beider Suche nach ihrer Position in der Gesellschaft geschildert –, die kaum von der Hand gewiesen werden können. Um sich nun ein Bild von der jungen, unbekannten und soeben in der Literaturszene erschienenen Autorin machen zu können, war es somit für die Kritiker durchaus naheliegend, das Zitat als Hommage zu verstehen und es als richtungsweisenden Indikator zu betrachten.

Lispectors subjektive Herangehensweise an diese komplexe Abundanz von Impressionen, diesen Sog, der gleichwohl scheinbare Nebensächlichkeiten in sich aufnimmt, konzipierte sie bereits mit ihrem ersten Roman und elaborierte diesen Stil in ihren späteren Werken weiter. Die daraus entstandenen inneren Monologe, die sich bei ihr oft aus inkohärenten Eindrücken zusammensetzen – die in ihrer ‚trügerischen Bedeutungslosigkeit' jedoch für sich stehen dürfen – sind für den Großteil ihrer Romane charakteristisch. Aus speziell diesem Grund wurde Lispector in Relation zu Virginia Woolf gesetzt, deren Werke ebenso vom ‚ge-

---

118   Bailey, Cristina Ferreira-Pinto: „Clarice Lispector e a Crítica", S. 12.
119   Bosi, Alfredo: *História Concisa da Literatura Brasileira*. São Paulo: Editora Cultrix, 1991, S. 478.
120   Gotlib: *Clarice Fotobiografia*, S. 165.
121   Lispector, Clarice: *Perto do Coração Selvagem*. Lisboa: Relógio D'Água 2000, S. 7, Orig.: "He was alone. He was unheeded, happy and near to the wild heart of life", vid. Joyce, James. *A Portrait of the Artist as a Young Man*. London: Penguin 1996: S. 195.

streuten Blick' geprägt sind. Beide Autorinnen ermöglichen es den Leserinnen und Lesern, durch die Verwendung des indirekten inneren Monologs in die kaleidoskopischen Bewusstseinsflüsse der jeweiligen Protagonistinnen und Protagonisten einzutauchen. In diesem Rahmen zitiert Gotlib Erich Auerbach und dessen Woolfsche Lesart Lispectors:

> O que é essencial é que um acontecimento exterior insignificante libera idéias e fileiras de idéias que abandonam o seu presente para se movimentarem livremente nas profundidades temporais. É como se um texto aparentemente simples manifestasse o seu verdadeiro conteúdo só no seu comentário, ou como se um tema musical simples o fizesse apenas na sua interpretação.[122]

In der Tat ist *Perto do Coração Selvagem* von diesen ‚sekundären' Momenten und der potenziellen Wirkung beiläufiger Worte geprägt, die den Gedankenstein ins Rollen bringen und ein In-Verhältnis-Setzen von sich zur Umwelt ermöglichen:

> Lembrou-se: sou a onda leve que não tem outro campo senão o mar, me debato, deslizo, voo, rindo, dando, dormindo, mas ai de mim, sempre em mim, sempre em mim. De quando era aquilo? Lido em criança? Pensado? De súbito recordou-se: ainda agora pensara-o, talvez antes de encostar o braço no de Otávio, talvez naquele momento em que tivera vontade de gritar... Cada vez mais tudo era passado...[123]

Bei Lispector nehmen solche Momente auch in späteren Werken oft die Form von ‚Flashes' ein – ein rasantes Zusammenfallen von Zeiten, Erinnerungen oder präsenten Gefühlen. Diese kurzen Einblendungen stellen einen weiteren Punkt dar, der für viele Literaturwissenschaftler/-innen die stilistischen Ähnlichkeiten zu Woolf, aber auch Katherine Mansfield, bestätigt.

3.4.3. Der Aspekt des Weiblichen

Hélène Cixous, Leitfigur der Écriture Feminine und Gründerin des Centre d'Études Féminines an der Université de Paris VIII in Vicennes, die in den 1990er-Jahren mit Forschungen zu Lispector begann und damit einen wichtigen Beitrag dazu leistete, Lispector insbesondere der europäischen und nordamerikanischen Leserschaft näherzubringen,[124] versucht in einem Essay aus dem Jahre 1989 die Verwirrung bezüglich der Verbindung zu Joyce aufzuklären:

> Now, "near to the wild heart" is a part of a sentence from *A Portrait of the Artist as a Young Man*. It is a quotation. But Clarice Lispector didn't know anything about Joyce

---

122 Gotlib, Nádia Battella: „Um Fio de Voz: Histórias de Clarice", in: *A Paixão Segundo G. H. – Crítica e Interpretação de Clarice Lispector*, hrsg. v. Benedito Nunes, Paris: Association Archives de la littérature latino-américaine, des Caraïbes et africaine du XXe siècle 1988, S. 161–196, hier S. 166.
123 Lispector: *Perto do Coração Selvagem*. S. 136.
124 Wesentlich war im Hinblick darauf folgende Publikation: Cixous, Hélène: *Reading with Clarice Lispector. Edited, translated, and introduced by Verena Andermatt Conley*, hrsg. v. Verena Andermatt Conley, London [u. a.]: Harvester-Wheatsheaf 1990.

when she wrote that text. A friend of hers told her: "This makes me think of *A Portrait of the Artist as a Young Man*," and he suggested the title.[125]

Auch wenn Cixous sich in diesem Fall sozusagen hinter Lispector stellt und *Perto do Coração Selvagem* als eigenständigen und von Joyce unbeinflussten Roman ansieht, dürfen ihre Studien zu Lispectors fiktionalem Werk nicht unberücksichtigt gelassen werden, da sie in ihnen ebenfalls eine Kategorisierung vornimmt. Cixous klassifizierte ihr Schreiben als „écriture féminine"[126] – ein Terminus, den sie eigens dafür entwickelte und der wohl aufgrund der unwillkürlichen Konnotation zu Schlagwörtern wie Feminismus oder Frauenbewegung das eine oder andere Mal nicht im Sinne Cixous' interpretiert wurde. Lispectors Romane wurden durchaus zum Sujet feministischer Diskurse, vor allem angesichts der Tatsache, dass die Geschichten oft von Protagonistinnen handeln, die sich in einem patriarchalisch geprägten System behaupten müssen und versuchen, ihre weibliche Identität zu definieren.
Vielleicht nicht ausschlag-, aber bestimmt impulsgebend, war in dieser Diskussion erneut Álvaro Lins, der in seiner oft zitierten scharfzüngigen Rezension *Perto do Coração Selvagem* – zwar eher in einem negativen Sinn – als weibliche Literatur bezeichnete: „[L]ins considera o romance uma obra incompleta, inacabada, caracterizada como literatura feminina, denotando narcisismo, lirismo, etc. [...]"[127]
Die im Gegenzug zu diesem Statement positiv belegten Arbeiten, die den weiblichen Blick und die Situation der (brasilianischen) Frau bei Lispector analysieren, tragen einen elementaren Teil zur Forschung bei. Dennoch muss hier auf Äusserungen Lispectors hingewiesen werden, die eine derartige Lesart zumindest einschränken sollten, wie beispielsweise die Bemerkung, „dass sie in erster Linie Literatur und nicht weibliche Literatur schreibe".[128]
Bei der Écriture Féminine handelt es sich vielmehr um ein emanzipatorisches und erkenntnistheoretisches Erschaffen des Textkörpers, sei es im Falle einer Frau oder eines Mannes, und sie kann in ihrer Bedeutung durchaus erweitert verstanden werden. Schließlich begegnet Cixous Lacans Ausklammerung der Frau aus der Sprache[129] und seiner These zur phallischen Libido mit einer weiblichen Sprache, die ebenso begehren kann:

> Though often considered more in terms of its stylistic or structural importance to Lispector's work, Cixous's concept of "l'écriture féminine" (perhaps, as Christiane Makward has suggested, better understood as "writing the body" rather than the more literal—and misleading—"feminine writing") is, I believe, more useful when applied to the Brazilian writer's texts as an epistemological issue, a question of how we claim to "know" things.[130]

---

125 Cixous, Hélène: „Reaching the Point of Wheat, or a Portrait of the Artist as a Maturing Woman", in: *New Literary History, Feminist Directions*, 19/1987, S. 1–21, hier S. 7.
126 Zit. nach: Bailey: „Clarice Lispector e a Crítica", S. 15.
127 Al-Behy Kanaan, Dany. *À Escuta de Clarice Lispector. Entre o Biográfico e o Literário: Uma Ficção Possível*. São Paulo: Limiar 2003, S. 60.
128 Rössner/Berg: *Lateinamerikanische Literaturgeschichte*, S. 490.
129 Die Geschlechtsidentifizierung wird bei Lacan im Anschluss an das Spiegelstadium durch den Phallus als transzendentalen Signifikanten hervorgerufen, woraus seine These „LA femme n'existe pas." resultierte. Siehe dazu: Frei Gerlach, Franziska. *Schrift und Geschlecht. Feministische Entwürfe und Lektüren von Marlen Haushofer, Ingeborg Bachmann und Anne Duden*. Berlin: Schmidt 1998, S. 56–65.
130 Fitz, Earl E.: *Sexuality and Being in the Poststructuralist Universe of Clarice Lispector: The Différance of Desire*. Austin: University of Texas Press 2001, S. 54f.

Der Antrieb, der aus dem manchmal überladen wirkenden Strom des Wortflusses entsteht und zur Genese des Textes beiträgt, spielt bei diesem Lernprozess eine essenzielle Rolle und suggeriert dabei ein Vergnügen, einen unabhängigen Genuss. Das Subjekt, das unter diesem positiv geladenen ‚Strom' steht, zapft alle zur Verfügung stehenden Quellen an und schließt in diesem Erfahrungsprozess eine mögliche Erschöpfung aus:

> Cixous thinks that she finds already present in Lispector what she herself has been looking for, that is, ways of giving, of spending, and of inscribing pleasure. This would come close to what Cixous [...] had called a feminine economy, a libidinal organization based on spending, rather than on retention and which, for cultural reasons, would be more on the side of a woman. Here it can be assumed that the force of *écriture féminine* works especially in the play between thematic and linguistic registers. For this reason, *spending* in Lispector is not just organized topically but is also worked through language [...]. This kind of writing, with no exchange of market value, with no "useful purpose," can be called *écriture féminine*, be it that of a woman, like Clarice Lispector, or of a man, like Jean Genet.[131]

Die Überzeugung Cixous', dass das Wort dazu fähig ist, einen Durst zu stillen, wenn es aus dem Inneren kommt – aus einer erhabenen Quelle – ist vor allem in Bezug auf *PdCS*[132] nachvollziehbar. Lispectors Stil wird darin oft als natürlich und einfach im Sinne von ‚nahe am wilden Herzen' definiert. Das teils recht unvorsichtige Herantasten Joanas an die Sprache lässt *PdCS* in manchen Passagen mitunter tatsächlich sperrig und schlecht geschrieben wirken. Doch es geht genau um diese unüberlegte Freiheit, das Nicht-Verschönern-Wollen, das weibliche Hüten von Wörtern, auch wenn diese nicht ‚perfekt' sind. Dieser Grundzug von *PdCS* findet sich in Cixous Thesen zu einer weiblichen libidinösen Ökonomie in Bezug auf literarische Texte wieder, in der sie meint: „You will have literary texts that tolerate all kinds of freedom ... which are not texts that delimit themselves, are not texts of territory with neat borders, with chapters, with beginnings, endings, etc., and which are a little disquieting because you don't feel the arrest, the edge."[133]

3.4.4. Die existenzphilosophische Perspektive

Das zuvor dargelegte Einnehmen von Distanz, das Beobachten der eigenen Verhaltensweisen sowie die Skepsis gegenüber dem Gedachten beziehungsweise Gesagten führen folglich zu einem komplexen Verhältnis zwischen dem Individuum und der Außenwelt. Die Fragestellungen, die daraus resultieren, rufen jene der modernen Existenzialisten ins Gedächtnis.

---

131 Andermatt Conley, Verena: „Introduction", in: *Reading with Clarice Lispector / Hélène Cixous*, hrsg. v. Verena Andermatt Conley, Minneapolis: University of Minnesota Press, 1990: S. xii. Herv. i. Orig.
132 Anm.: *PdCS* ab nun Sigel für *Perto do Coração Selvagem*.
133 Andermatt Conley, Verena: *Hélène Cixous: Writing the Feminine*. University of Nebraska Press 1984, S. 137.

Nelly Novaes Coelho beispielsweise versucht, Lispectors Werk in ihrem Essay *A Escritura Existencialista de Clarice Lispector*[134] in einen existenzphilosophischen Diskurs zu bringen. Dabei geht sie jedoch davon aus, dass die Philosophien Sartres beziehungsweise Heideggers bei ihrem Aufkommen in den 1930er-Jahren einen maßgeblichen Einfluss auf das Denken und Schaffen Lispectors während ihrer Studienzeit ausgeübt haben. Die These ist als strittig einzustufen, da Lispector auch in Interviews dementierte, die existenzialistische Doktrin hätte jemals eine Wirkung auf sie ausgeübt.[135] Trotzdem etabliert Coelho von diesem Standpunkt aus eine Parallele zwischen Sartres *La nausée* (*Der Ekel*) und Lispectors *Perto do Coração Selvagem*, die zwar eher den Verlust von Eigenständigkeit und die Suche nach neuen Ausdrucksformen thematisiert, dabei aber einen möglichen gesellschaftspolitischen wie kritisierenden Aspekt des Romans aufzeigt:

> Roquentin e Joana visam o mesmo alvo – encontrar o próprio ser – e para isso buscam obsessivamente o conhecimento de algo essencial ao viver autêntico, mas que permanece oculto sob as formas estereotipadas e superficiais do convívio humano. Essa busca exige, ao mesmo tempo, o continuado esforço de nomear o que vai sendo descoberto ou intuído…[136]

Tatsächlich schwingt bei Joana, der Protagonistin von PdCS, oft ein auf die Gesellschaft bezogener Frust mit, eine Abneigung gegenüber dessen, das sie umgibt, säuberlich von Menschenhand gepflegt – ein humaner Habitus sozusagen, der, ohne es zu wissen, auch das Göttliche penibel entfernt: „Oh, Deus. Isso, sim, isso: se existisse Deus, é que ele teria desertado daquele mundo subitamente, excessivamente limpo, como uma casa ao sábado, quieta, sem poeira, cheirando a sabão."[137]

Auch eine weitere zentrale und philosophische Fragestellung der Existenzialisten könnte durchaus in diesen Diskurs eingegliedert werden: Das Problem der Trennung in das An-Sich und Für-Sich des Menschen und seine jeweilige Rolle, die in den unterschiedlichen Gesellschaftsanordnungen oder in Beziehungen eingenommen wird und die eine befremdende Verdoppelung erlebbar und beschreibbar macht. So reflektiert Joana beispielsweise über ihre Ehe: „Otávio transformava-a em alguma coisa que não era ela mas ele mesmo e que Joana recebia por piedade de ambos […]"[138]

3.4.5. Kritik – Synopsis

In der umfangreichen Bandbreite an Autorinnen und Autoren, mit denen Lispector verglichen wird, sind – aufgrund der häufigen Nennung – noch Fjodor Dostojewski, Marcel Proust, André Gide und Charles Morgan zu erwähnen.

---

134   Coelho, Nelly Novaes: „A Escritura Existencialista de Clarice Lispector", in: *A Literatura Feminina no Brasil Contemporâneo*, hrsg. v. Nelly Novaes Coelho. São Paulo: Siciliano 1993, S. 173–188.
135   Cf. Ibid., S. 186.
136   Ibid. S. 173.
137   Lispector: *Perto do Coração Selvagem*, S. 32.
138   Ibid., S. 31.

Es ist angesichts dieser Aufzählung wohl kaum zu übersehen, dass sich unter den von Beginn an angeführten Literaten keine Brasilianer/-innen befinden – ein auffallender Mangel, wie auch Benjamin Moser feststellt:

> It is remarkable how rarely critics compared the work to that of any other Brazilian writer. [...] This was not simply because the entire question of Brazil, that "certain instinct of nationality" Machado de Assis considered to be the heart of Brazilian literature, is absent from *Near to the Wild Heart*. It was that its language did not sound Brazilian.[139]

Abgesehen von Guimarães Rosa und Raquel de Queiroz, die noch am häufigsten in Zusammenhang mit Lispector genannt werden – und das als Zeitgenossen und nicht aufgrund einer spezifischen Schreibtradition –, kann tatsächlich nur selten etwas über Ähnlichkeiten mit brasilianischen Schriftstellern in Erfahrung gebracht werden. Dies mag mit Lispectors eigener Fremdheit in Brasilien und mit ihrer für Brasilianer fremden Erscheinung in Verbindung stehen sowie mit der Tatsache, dass sie dem Brasilianischen eine schriftliche Emphase verlieh, die die Kritiker bis dahin nicht kannten, wie Moser anmerkt. Der ‚fremde Touch' sollte auch nicht das ganze Leben an Lispector haften bleiben: „Later the language would be naturalized as that of a great Brazilian writer. But for the time being it sounded exotic."[140]

Trotzdem klingen solche Aussagen beinahe ein wenig entschuldigend – als wären weder Kritiker noch Leser darauf vorbereitet gewesen. Außerdem legitimieren sie nicht die grundsätzlich fehlende Einbeziehung ihres fiktionalen Werks in einen brasilianischen, lusophonen oder zumindest lateinamerikanischen Kontext.[141] Dreizehn Jahre nach der Veröffentlichung von *Perto do Coração Selvagem* nahm Lispector in einem Interview dazu Stellung und versuchte, sich selbst eine Antwort darauf zu geben: „Aos dois meses de idade cheguei ao Brasil e ainda assim me chamam de estrangeira. É bobagem. Talvez seja por causa do meu ‚erre' dobrado."[142]

---

[139] Moser: *Why this World*, S. 126. Herv. i. Orig.
[140] Ibid.
[141] Anm.: Es existieren durchaus (konzise) Veröffentlichungen, die Lispector in die genannten Kontexte setzen, der Großteil widmet sich aber tendenziell namhaften internationalen Autoren.
[142] Vieira, Nelson: *Jewish Voices in Brazilian Literature: A prophetic Discourse of Alterity*. Gainesville: University Press of Florida 1996, S. 119.

3.4.6. Intertextuelle (Augen-) Blicke

Die vorangegangene Zusammenführung diverser Diskurse dient selbstverständlich lediglich als Einblick in den Korpus an Schriften, die Lispector mittlerweile umgeben – unter anderem mit der Absicht, auf noch auszufüllende Themenbereiche hinzuweisen. Einer davon ist das Sujet der vorliegenden Arbeit: die Intertextualität.

Es ist durchaus kurios, dass bei der eingeschränkten Auswahl an Publikationen, die Lispectors Werk intertextuell beleuchten, die Wahl entweder auf *A Paixão Segundo G. H.*, *A Hora da Estrela* oder *Um Sopro de Vida* fällt.

Affonso Romano de Sant'Anna exzerpiert in seinem Essay *O Ritual Epifânico do Texto*, der in der bereits zitierten kritischen Ausgabe von *A Paixão Segundo G. H.* erschien, architektuelle Textstellen des gleichnamigen Romans und versucht ebenfalls, Prätexte dazu zu eruieren, indem er sich auf die Epiphanie an sich und die literarische Figur der Epiphanie beruft. Hierzu artikuliert er seinen Ansatz wie folgt:

> As relações *inter* e *intratextuais* existem também no trabalho do crítico. E assim como um parágrafo retoma o outro, um romance retoma um conto [...]. No primeiro capítulo de *A Paixão Segundo G. H.* [Lispector] faz uma espécie de síntese de temas que serão desdobrados no interior da novela.[143]

Auf die zwei weiteren in diesem Kontext zu nennenden Arbeiten wurde im Kapitel *Lispectors Positionierung in der brasilianischen Moderne* hingewiesen: Nunes' Analyse mit dem Titel *Clarice Lispector ou o Naufrágio da Introspecção* schlägt eine intertextuelle Brücke zu Pessoa, indem er den Begriff der Heteronymie bei Lispector anwendet und außerdem im posthum erschienen *Um Sopro de Vida* eine intertextuelle Collage ihres eigenen Gesamtwerks sieht – in gewisser Weise ein Readymade:

> A cisão do sujeito narrador, o seu desdobramento, transpõe-se aqui [...] para o plano da própria obra de Clarice Lispector, de que esse livro póstumo é uma recapitulação — paráfrase e paródia —, sob dois focos, o de Ângela e o do Autor, *feminino e masculino* em oposição. Ora como parte da linguagem da primeira, ora como parte da linguagem do segundo, encontram-se disseminados e modificados na obra frases, conceitos, maneiras de agir e de pensar, locuções e passagens, de contos, crónicas e romances da ficcionista.[144]

Nádia Battella Gotlibs Artikel *Olhos nos Olhos. Fernando Pessoa e Clarice Lispector* trägt den intertextuellen Konnex bereits im Titel: Das Kreuzen von Blicken innerhalb eines Textes kann auch über das Medium der Schrift zum Intertext führen. Die Autorin ergründet darin zuerst das interseccionistische Spiel Pessoas in dessen drittem Gedicht des Cancioneiro. In diesem lässt Pessoa mehrere Erzählebenen mit sich kreuzen, die sodann in ihrer plastischen

---

143   Romano de Sant'Anna, Affonso: „O Ritual Epifânico do Texto", in: *A Paixão Segundo G. H. Edição Crítica*, hrsg. v. Benedito Nunes, Madrid [u. a.]: Coleção Archivos 1996, S. 241–262, hier S. 243.
144   Nunes: „Clarice Lispector ou o Naufrágio da Introspecção", S. 21.

Form nicht nur den Akt des Schreibens bzw. Schöpfens bilden, sondern auch ein ägyptisches Gefilde nachzeichnen, aus dessen Tiefe ein mystisch anmutender, archaisch-ursprünglicher Sinn entweicht. „Neste jogo de mútua inter-penetração, entre o rei egípcio e o poeta português"[145] – in diesem Spiegel der Zeit und der Identität – in dem beide nichts voneinander wissen und sich trotzdem begegnen, erkennt Gotlib eine intertextuelle Verbindung zu *A Paixão Segundo G. H.* Denn auch in dieser Erzählung, in der eine einsame Frau plötzlich mit der Existenz einer Küchenschabe – einem allgegenwärtigen, aber unsichtbaren Begleiter des Menschen – in ihrer Wohnung konfrontiert wird, sind die antagonistischen und sich überlagernden Charakteristika der Zeit und des Mediums sowie die Suche nach der eigenen Identität die zentralen Themen:

> Também a construção narrativa de A Paixão Segundo G. H., de Clarice, baseia-se na situação do ato de escrita e na duração do seu processo de criação, que se faz pelo desdobramento dramático de eu, cindido em busca de uma identidade, outra e contrária, fictícia e verdadeira.[146]

Da Gotlib explizit äußert, dass nicht nur das Sujet von Pessoas drittem Gedicht aus *Chuva Oblíqua* an Lispectors *A Paixão Segundo G. H.* anklingt, sondern auch die Erzählstruktur, wäre das Gedicht als strukturelle Folie anzusehen oder zumindest als impliziter Prätext.
In Gotlibs Analyse ist von diesen Begriffen nicht die Rede, wenngleich sie diese intertextuelle Perspektive sieht und gewissermaßen paraphrasiert:

> O que fica [...] é o desenho de uma intersecção que, para além das diferenças, e através delas, desenha uma troca de olhares, o brasileiro e o português, num ponto desta construção estrutural de sentido literário. Que, como arte que é, se sujeita às instâncias de um objeto alcançável, mas precariamente, entre o que é o que o autor inventou e nós inventamos dele. Mais uma vez, entre o que é fingimento e verdade.[147]

Die Suche nach einer intertextuellen Analyse von *Perto do Coração Selvagem* bleibt nichtsdestotrotz unvollendet und wird in dieser Arbeit Schritt für Schritt aufgearbeitet.

---

145   Gotlib: „Olhos nos Olhos. Fernando Pessoa e Clarice Lispector", S. 141.
146   Ibid., S. 141. Herv. i. Orig.
147   Ibid, S. 143.

4. Clarice Lispectors *Perto do Coração Selvagem*

Die folgenden Kapitel beinhalten nicht nur eine Zusammenfassung und Einleitung in die Figurenkonstellation, sondern auch eine – vordergründig temporale – Analyse des Romans *Perto do Coração Selvagem*, die anhand Gérard Genettes *Die Erzählung*[148] erfolgt. Dieser methodologische Rahmen ermöglicht es zudem, die markanten Erzähler- und Perspektivenwechsel hervorzuheben und zu kategorisieren. Der literaturtheoretische Wortschatz bezieht sich somit auf das Grundlagenwerk Genettes.

Innerhalb der einzelnen Kapitel befinden sich zudem stets Querverweise in Form von Zitaten literaturwissenschaftlicher Publikationen zu Lispectors Schaffen, die nicht nur die These dieser Arbeit stärken, sondern – im Rahmen der Thematik – verschiedene Interpretationsmöglichkeiten des Romans aufzeigen sollen.

Der Fokus ist dabei vornehmlich auf Joana, die Hauptfigur, gerichtet, da ein wesentlicher Teil des Romans aus ihren inneren Monologen besteht. Von hoher Relevanz ist innerhalb des genannten Bezugrahmens Joanas Relation zum Wort, die sich parallel zu ihrem Lebensweg entwickelt und verändert. In den Kapiteln *Das (gedachte) Wort* und *Die Schrift* wird dieser Wandel thematisiert.

Aus dem im Roman beschriebenen Lebensabschnitt, der Joana ungefähr bis ins mittlere Alter beschreibt – konkrete Zahlen oder Daten werden nicht genannt – kristallisieren sich drei Phasen heraus. Sie markieren potenzielle Wege, über die sich das Individuum anhand des Wortes in ein Verhältnis zur Umwelt und den Menschen bringen kann:[149]

1. Als Kind: Gedanken
2. Als Jugendliche: gesprochenes Wort
3. Als Frau: geschriebenes Wort

Diese drei Phasen sind nicht als getrennte Einheiten anzusehen – sie gehen vielmehr fließend ineinander über und durchlaufen jeden Abschnitt in einem mehr oder weniger hohen Maß. Zudem formulieren sie das Wachsen und Bestreben eines jeden Menschen: Als beobachtendes Kind strebt man danach, Gedanken mündlich zu artikulieren, und als Heranwachsender entwickelt sich der Wunsch zu lernen, wie das Gedachte oder Gesagte schriftlich festgehalten werden kann.

In der *Analyse* wird näher auf den Aufbau des ersten und zweiten Teils eingegangen, und einzelne Kapitel werden genauer erläutert.

---

148 Genette, Gérard: *Die Erzählung*. Paderborn: Fink 2010.
149 Anm.: In einem weiteren Schritt kann an dieser Stelle eine zusätzliche Verbindung zu Lacan hergestellt werden. Er definierte vergleichsweise drei Phasen für die Funktionen der menschlichen Psyche und teilte diese in die imaginäre, symbolische und reale. Siehe dazu: Lacan, Jacques. *Séminaires XXII, R.S.I.* Paris: Editions de l'Association Lacanienne Internationale 2002.

4.1. Zusammenfassung

Perto do Coração Selvagem erzählt die Geschichte von Joana, einer jungen brasilianischen Frau, deren Erfahrungen aus der Kindes-, Jugend- und Erwachsenenzeit auf dem Weg zur individuellen Selbstbestimmung in mehreren Fragmenten reflektiert werden. Eine einsame Kindheit, das Aufwachsen in der Abgeschiedenheit bei Verwandten und die im Internat verbrachte Jugend prägen sie als Heranwachsende. Die anschließende Heirat mit Octávio veranlasst, dass sich Joana nur noch mehr in sich zurückzieht. Was ihr bleibt, ist das Erkunden von Wörtern und der Welten, die sich dahinter entfalten. Um ein eigenes Gleichgewicht zu finden und ihrer Sprache ‚nahe dem wilden Herzen' näherzukommen, beschließt sie, das auf sie befremdend wirkende Eheleben hinter sich zu lassen.

Es handelt sich um einen grundlegend introspektiven Roman, wobei die narrative Instanz zahlreicher Textstellen gelegentlich nicht definierbar ist, was sich unter anderem auch in der Bezeichnung der einzelnen Kapitel widerspiegelt. Zwar liegt eine klare Gliederung in einen ersten und einen zweiten Teil vor, und der erste Abschnitt umfasst neun, der zweite zehn Kapitel. Doch die Kapitelnamen führen ein wenig in die Irre, da hinter ihrer konkreten Benennung (z. B. *Johannas Freuden*; *Die Frau mit der Stimme und Johanna*, vid. Tabelle im Kapitel *Analyse*) eine mehrschichtige Erzählung steckt. Innerhalb dieser Passagen kommt es nämlich zu weiteren Verschachtelungen von ‚äußeren' Ereignissen sowie inneren Monologen von Personen, die auf eine direkte oder indirekte Weise an Joanas Leben beteiligt sind. Der Fokus richtet sich dabei nichtsdestotrotz stets auf Joana, die Protagonistin. Benedito Nunes sieht in dieser Form des Erzählens sogar ein Merkmal, das auch die späteren Romane Lispectors kennzeichnet:

> Tatsächlich ist bei ihr das individuelle Bewusstsein nicht nur zum Zentrum der Mimesis, sondern sogar zum Angelpunkt des Erzählens geworden, das wir *monozentrisch* nennen könnten. Sie konzentriert sich auf die Innenschau einer bevorzugten Person, mit der sich der Standpunkt des Erzählers vermischt oder zu vermischen neigt. Daher spielt sich in ihren Romanen die eigentliche Handlung im Innern des Protagonisten ab und nichts geschieht außerhalb seiner subjektiven Sicht.[150]

Im Fall von *PdCS* wird Joanas Gedankenwelt ab dem Zeitpunkt ihrer Kindheit langsam aufgefächert, und durch die Innenschauen, zwischen denen mehrere Jahre liegen, baut sich der Erzählstrang auf. „O centro da narrativa gravita em torno desta voz de mulher *diferente* dos demais, movida por uma perturbação, insatisfeita e incompreendida pelas pessoas com quem convive",[151] erörtert Nádia Battella Gotlib in ihrer Analyse des Romans, und leitet daraufhin gezielt zur besonderen Anordnung der Ereignisse über, die das Leben dieser so ‚anderen' Frau ausmachen, denn es ist auch Gotlibs Auffassung nach auffallend, dass Joana ihre Beziehungen zu anderen Menschen in einer Abfolge von Dreieckskonstellationen[152] durchlebt. Folgen-

---

150 Benedito Nunes: „Clarice Lispectors Passion", in: *Brasilianische Literatur*, hrsg. v. Mechtild Strausfeld, Frankfurt a. M.: Suhrkamp, S. 273–288, hier S. 277f., Herv. i. O.
151 Gotlib: „Um Fio de Voz: Histórias de Clarice", S. 165. Herv. i. O.
152 Cf. ibid., S. 165.

de Grafik illustriert gemäß der Kapitelabfolge jene Fragmente, in denen sich aufgrund von Joanas Anwesenheit Beziehungsdreiecke etablieren:

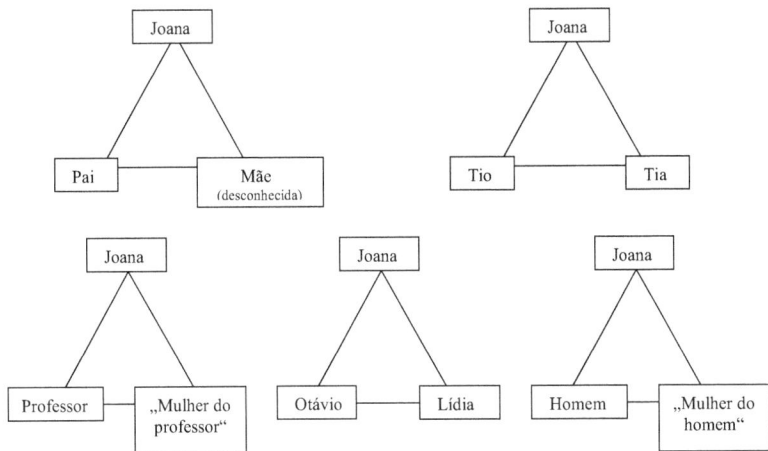

Abb. 1: Joanas Beziehungsdreiecke

Damit soll nicht nur auf den Umstand aufmerksam gemacht werden, dass Joana in diesen Konstellationen stets die Dritte im Bunde und als solche eine zuviel, ergo überzählig ist. Diese Beziehungen kennzeichnen genauso ihr Leben und bilden gleichzeitig die Schwerpunkte des Romans.

Einen Teil ihrer Kindheit verbringt sie mit ihrem Vater. Die tote – zumindest dem Leser unbekannt bleibende Mutter – stellt zu dieser Zeit die hypothetische dritte Person dar. Das Verhältnis zwischen Vater und Tochter scheint unter der Abwesenheit der dritten Person zu leiden – was zur Folge hat, dass beide in der Zweisamkeit vereinsamen. Joanas Lebensfragen bleiben unbeantwortet. Nach dem Tod des Vaters muss sie zwangsläufig zu ihrer Tante und ihrem Onkel ziehen, die ein einfältiges Alltagsleben in der Abgeschiedenheit fristen. Joana, die ihr Leben hauptsächlich in der Gedankenwelt verbringt, in der sich Vorstellungen und Normen fernab der religiösen Moralauffassungen ihrer Verwandtschaft entwickeln, stellt bald eine unkontrollierbare Gefahr für sie dar: ein wildes Tier – in den Worten der Tante „uma víbora"[153] (eine Natter[154]) –, das ohne Gott und Freunde existiert.

In diesem Zeitraum bittet Joana einen (imaginären) Professor um Rat und findet in ihm einen Gesprächspartner, mit dem sie über das Leben und die Herausforderungen, die es an sie stellt, sprechen kann. Doch aufgrund der Tatsache, dass der Professor eine Frau hat, fühlt sich Joana schnell ausgeschlossen. Ihr Onkel und ihre Tante fassen bald darauf den Beschluss, sie ins

---

153   Lispector: *Perto do Coração Selvagem*, S. 185.
154   Pessoa hat einen Text mit dem Titel *O Caminho da Serpente* verfasst, in dem er feststellt: „Ela liga os contrários verdadeiros, porque, ao passo que os caminhos do mundo são, ou da direita, ou da esquerda, ou do meio, ela segue um caminho que passa por todos e não é nenhum." Vid. Centeno K., Yvette: *Fernando Pessoa e a Filosofia Hermética – Fragmentos do Espólio*. Lisboa: Presença 1985.

Internat zu schicken, da sie das Zusammenleben mit einer jungen Frau, die sich ihrer Dogmen nicht annimmt, immer unerträglicher empfinden.
Später, im Zusammenleben mit Otávio, ihrem Ehemann, wiederholt sich das Exklusionsmuster: sie wird von ihm mit Lídia, seiner früheren Freundin, betrogen. Joana verlässt ihn daraufhin und begegnet einem Mann, der sie inspiriert. Doch auch dieser teilt sein Haus bereits mit einer anderen Frau.
Im letzten Kapitel beschließt Joana, die ihr vertraute Gegend zu verlassen, sich zu befreien, um ein eigenes, unabhängiges Leben zu beginnen.

 Diese kurze Zusammenfassung lässt den Anschein erwecken, dass der Aufbau des Romans chronologisch linear sei, da er mit einer Einführung in Joanas Kindheit beginnt und mit ihrer Reise als erwachsene Frau endet. Indessen sind diese Geschehnisse zeitlich nicht festzumachen, da sie anachronstisch angeordnet sind und keine temporalen Angaben (z. B. „Ein Jahr später" oder „Mit 20 Jahren") im Text vorliegen. Überdies fehlt eine ‚konstante Sichtweise': Zwischen den Kapiteln, die einen Roman mit ‚klassischem' Aufbau bilden würden, befinden sich teilweise Fragmente, die ausschließlich aus inneren Monologen der Protagonisten bestehen, deren thematische Grenzen zwischen philosophischer Abhandlung, Aporie und Alienation verschwimmen. Zusätzlich erfolgen in den Kapiteln, die ihren Fokus auf Joana richten, narrative Konversionen.

4.2. Die Figur Joana

4.2.1. Der Körper

Die Identität Joanas geht aus der soeben genannten verschachtelten Anordnung der Kapitel hervor. Diese könnte mit einem Mosaik verglichen werden: betrachtet man es von der Nähe, lassen sich Leerstellen zwischen den Steinchen – im (Körper-)Aufbau als solchen – feststellen. Wird der Betrachter sich der einzelnen Stücke bewusst und die nötige Distanz zur Wahrnehmung des Ganzen eingenommen, bleiben die Leerstellen zwar bestehen, aber es kommt ein Bild – ein Körper – zum Vorschein, der ganz gewiss Konturen besitzt.
Wie im Fall von Joana weist auch die ‚Textur' von *Perto do Coração Selvagem* diese Hohlräume auf und der Text gibt dem Leser nicht alle Informationen Preis – genauso wie Gotlib feststellt: „De fato, mais do que as falas, o que predomina é o que passa a habitar as zonas intermédias das vivências, entre uma fala e outra dos personagens."[155]
Die Kapitel verfügen, wie jedes Steinchen im Mosaik, über eine Autonomie, die sie wie Kurzgeschichten erscheinen lassen. In diesem Zusammenhang zitiert Gotlib eine Abhandlung Erich Auerbachs über Virginia Woolf, da die Worte auch in Bezug auf Lispector zutreffend sind:

> O que é essencial é que um acontecimento exterior insignificante libera idéias e fileiras de idéias que abandonam o seu presente para se movimentarem livremente nas pro-

---

155 Gotlib: „Um Fio de Voz: Histórias de Clarice", S. 166.

fundidades temporais. É como se um texto aparentemente simples manifestasse o seu verdadeiro conteúdo só no seu comentário, ou como se um tema musical simples o fizesse apenas na sua interpretação.[156]

Es ist sozusagen Joana selbst, die ihren eigenen Körper – ihr Selbst, ihr Mosaik – in einem reziproken Prozess von Leben und Gedanken (von ‚außen' und ‚innen') erschafft. Worte helfen ihr dabei, die Dimensionen und Limitationen menschlichen Lebens zu ermitteln. Aus diesem unaufhörlichen Prozess resultiert – durch ihren kreativen Umgang mit der Sprache – ein Panoptikum möglicher Existenzformen, die sie entweder einschränken oder befreien.

4.2.2. Das (gedachte) Wort

An den vorangegangenen Gedanken schließt Ulrike Bondzio mit ihrem Essay *Körper und Verkörperungen in der Prosa Clarice Lispectors* an, der den Roman *Água Viva*[157] in einen psychoanalytischen Diskurs bringt – und kommt zu einem vergleichbaren Schluss. Auch wenn ihr Ansatz sich von der vorliegenden Arbeit differiert, lassen sich durchaus einige Gemeinsamkeiten hinsichtlich der Identitätssuche eruieren:

> Innerhalb einer Psychoanalyse kann die Suche nach dem eigenen Ursprung in sich wiederholenden und variierenden Schleifen zur Sprache kommen, Eingang in das Sprechen finden, denn ein anderes Mittel als das des Sprechens (und des Hörens) stehen weder der PsychoanalytikerIn noch den AnalysandInnen zur Verfügung.
> Und genau hier gibt es Parallelen zwischen der Figur der Ich-Erzählerin und jener Dimension von Sprache, wie die Psychoanalyse ihr beimisst. In der Suche nach ihrem eigenen Ursprung geht es ihr genauer gesagt um das Wesen, das Innerste der Sprache, der Worte, die es ihr erlauben, sich als Körper zu definieren.[158]

Im Fall von Joana, die von Kindesalter an spürt, dass die Entfaltung ihrer Existenz nur möglich ist, wenn sie so weit wie möglich zu dieser Ursprungszelle – dem Wort – ‚nahe dem wilden Herzen' vordringt, nimmt diese Suche unterschiedliche Formen an. Einerseits äußert sich dies durch ihre veränderte Denkweise, sobald sie mit jemandem zusammenlebt und mit der Präsenz des ‚Fremden' konfrontiert wird. Andererseits spielen die verschiedenen geografischen Umgebungen – vor allem das Meer mit dem Salzwasser als Urquelle – genauso eine essenzielle Rolle wie religiöse Paradigmen.
All diese Dinge – sei es ein zweites Individuum oder der Hof, in dem sie als Kind die „galinhas-que-não-sabiam-que-iam-morrer"[159] beobachtet – setzen sie damit auseinander, dass Mensch wie Tier in einer Welt leben, die vorab nach (un-)bestimmten Prinzipien konzipiert

---

156 Gotlib: „Um Fio de Voz: Histórias de Clarice", S. 166.
157 Lispector, Clarice: *Água Viva*. Rio de Janeiro: Rocco 1998.
158 Bondzio, Ulrike: „Körper und Verkörperungen in der Prosa Clarice Lispectors", in: *Anpassung und Dissidenz*, hrsg. v. Frankfurter Frauenschule, SFBF e.V.: Königstein im Taunus 1997, S. 69–91, hier S. 77f.
159 Lispector: *Perto do Coração Selvagem*, S. 11.

wurde und die im Jetzt niemals erlebbar sein wird. Es handelt sich um eine bereits geschaffene Geschichtlichkeit, in der das Individuum versucht, sich als Lebewesen zu definieren und eine Aufnahme in die Sprachgemeinschaft zu finden.[160] Um sich nun durch das Wort in Relation zu dieser Sphäre setzen zu können, muss eine eigene Modalität des sprachlichen Ausdrucks gefunden werden, was aber nur funktioniert, wenn „das Subjekt neben dem Akt der Anerkennung des Symbolischen auch die Anerkennung des Unterworfenseins unter diese Ordnung vollbringt",[161] wie Bondzio in Bezug auf Lacan konstatiert.

Was diese Aussage noch verstärkt ist die Tatsache, dass jene Worte, die vor allem im ersten Teil des Romans in Dialogen Eingang finden, nie den hohen philosophischen wie subtilen Grad erreichen wie das Gedachte der jeweiligen Person, da das gesprochene Wort eine inferiore Position gegenüber dem Originalgedanken einnimmt:

> Nunca se permitira contar, mesmo a papai, que não conseguia pegar ‚a coisa'. Tudo o que mais valia exatamente ela não podia contar. Só falava tolices com as pessoas. Quando dizia a Rute, por exemplo, alguns segredos, ficava depois com raiva de Rute. O melhor era mesmo calar.[162]

Auch wenn Joana mehr Freude darin verspürt, eine Erkenntnis einfach für sich zu behalten, spiegelt sich darin gleichzeitig Joanas Befürchtung wider – weder innerhalb ihrer eigenen Ideen noch durch die Kommunikation mit anderen Personen – nicht einmal annähernd den Höhepunkt eines „unmediated feelings"[163] zu erreichen. Erstens besteht das Bewusstsein darüber, dass das Gedachte bereits der Rückgriff auf etwas Präexistentes, zumindest die unmittelbare Gegenwart Betreffendes ist. Außerdem würde die Weitergabe eines solchen Ursprungsgedankens, der per se keiner ist, noch einen zusätzlichen Passus zwischen ihn und das Gefühl mit sich bringen.

Die von ihr verlangte Anpassung, ergo die Verpflichtung zur Offenbarung der eigenen Worte mit dem dazugehörigen Gefühl, erfährt Joana erst im Zuge der späteren Jugend- und Ehejahre, denn als Kind muss sie dieser Forderung noch nicht nachkommen – beinahe der ganze erste Teil widmet sich dieser ‚noch freien' Zeit. Vielmehr erfährt sie Wörter wie Spielbausteine, durch die das Spielen und Denken – gewissermaßen auch das Träumen –äquivalent werden:

> Vai para a mesinha dos livros, brinca com eles olhando-os à distância. Dona de casa marido filhos, verde é homem, branco é mulher, encarnado pode ser filho ou filha. ‚Nunca' é homem ou mulher? Por que ‚nunca' não é filho nem filha? E ‚sim'? Oh, tinha muitas coisas inteiramente impossíveis. Podia-se ficar tardes inteiras pensando. Por exemplo: quem disse pela primeira vez assim: ‚nunca'?[164]

---

160   Cf. Bondzio: „Körper und Verkörperungen in der Prosa Clarice Lispectors", S. 83.
161   Ibid.
162   Lispector: *Perto do Coração Selvagem*, S. 14.
163   Gledson, John: „Brazilian prose from 1940 to 1980", in: *The Cambridge History of Latin American History. Brazilian Literature*, hrsg. v. Roberto González Echevarría, Cambridge: Cambridge University Press 1996, S. 189–207, hier S. 195.
164   Lispector: *Perto do Coração Selvagem*, S. 15.

Joana erlebt nach ihrer Kindheit beim Vater jeden einzelnen Lebensabschnitt als Zäsur, die ihr den Zugang zur Autonomie der Wörter und zu ihrem Herzen versperrt. Besonders in ihrer Beziehung zu Otávio bekommt sie diese unergründliche Abhängigkeit zu spüren: „Otávio transformava-a em alguma coisa que não era ela mas ele mesmo [...]. Como ligar-se a um homem senão permitindo que ele a aprisione? como impedir que ele desenvolva sobre seu corpo e sua alma suas quatro paredes?"[165]

Ähnlich verhält es sich auch mit den übrigen Relationen. Das Wesen der wenigen Personen, die tatsächlich an Joanas Leben partizipieren, spiegelt sich in Joana wider und ist dabei Auslöser für endlose Fahrten in ihre Gedankenwelt. Doch keine dieser mehreren, unterschiedlichen Bahnen, auf denen sie gleichzeitig denken und fühlen kann[166] führt sie als Jugendliche oder junge Frau zu ihrem eigenen Ziel.

4.2.3. Die Schrift

Etwas schriftlich festzuhalten zu wollen setzt nicht nur die Fähigkeit des Schreibens voraus, sondern auch den Willen, sich mit dem Medium zu beschäftigen. Diese Tätigkeit impliziert ebenfalls eine geistige Herausforderung, denn es gestaltet sich nicht immer einfach, die Möglichkeiten dieses Mediums zu entschlüsseln, sie zu hinterfragen oder selbst auszuloten.

Joana ist von Schriftzeichen sehr angetan und fasziniert. Der erste Satz des Romans beginnt bereits mit dem onomatopoetischen Klang einer Schreibmaschine: „A máquina do papai batia tac-tac... tac-tac-tac..."[167] Umgeben von einem schreibenden Vater, der ihr offensichtlich durch das Werken mit Worten imponiert, erfindet Joana ihre eigenen Wortspiele und trägt sie dem Vater vor: „Eu e o sol: As galinhas que estão no quintal já comeram duas minhocas mas eu não vi."[168] Auf dessen Frage, wie solch schöne Dichtung entsteht, antwortet sie mit ihrer eigenen Definition einer Techne: „Não é difícil, é só ir dizendo."[169]
Doch so einfach gestaltet sich die Praxis nicht, wie im vorangegangenen Kapitel dargelegt wurde. Joana stößt mit ihren Worten bei anderen Menschen auf Unverständnis. Obwohl dem Menschen ein facettenreiches Vokabular gegeben ist, scheint die Wahl bei der Artikulation oft auf jene Termini zu fallen, die nicht mit dem eigentlichen, eigens definierten Gedanken oder Gefühl gekoppelt sind. Passt man sich in der Gegenwart einer Person und der gegebenen Situation nicht an, kann es zu einem Eklat kommen.
Ironischerweise passiert dies in *PdCS* aufgrund eines Buches, das sich Joana in einem Geschäft in Anwesenheit ihrer Tante unbekümmert unter den Arm klemmt und damit hinausgeht ohne zu bezahlen. Schockiert fragt sie die Tante:

    — Mas uma menina ainda... Você sabe o que fez?
    — Sei...
    — Sabe... sabe a palavra...?

---

165   Lispector: *Perto do Coração Selvagem*, S. 31.
166   Cf. ibid., S. 48.
167   Ibid. S. 11.
168   Ibid. S. 12.
169   Ibid. S. 13.

— Eu roubei o livro, não é isso?
— Mas, Deus me valha! Eu já nem sei o que faça, pois ela ainda confessa!
— A senhora me obrigou a confessar.
— Você acha que se pode... que se pode roubar?
— Bem... talvez não.
— Por que então...?
— Eu posso.
— Você?! — gritou a tia.
— Sim, roubei porque quis. Só roubarei quando quiser. Não faz mal nenhum.
— Deus me ajude, quando faz mal Joana?
— Quando a gente rouba e tem medo. Eu não estou contente nem triste.[170]

Metaphorisch formuliert wird das Wort in Form des Schriftstückes Joana zum Verhängnis, und sie muss für eine Erklärung der Tat den vorgefertigten Begriff ihrer Tante anwenden. Für ihre Verwandtschaft hat sie eine Sünde begangen – und zwar nicht nur durch das Stehlen, sondern gewissermaßen auch, weil sie sich in deren Augen als junges Mädchen zu voreilig und zu selbstverständlich an der Schrift ‚bedient' hat. Über den rechtmäßigen Zugang zu Büchern haben in ihrem jungen Alter Obrigkeiten – zum Beispiel Lehrer – zu urteilen.

Ein weiteres gespanntes Verhältnis zur Literatur im Allgemeinen weist Joanas Ehe mit Otávio auf. Aus der Erzählung geht hervor, dass er Jurist ist, zuhause ein eigenes Arbeitszimmer besitzt, in dem ihn eine gute Anzahl von Büchern umgibt. Abends sitzt er oft an seinem Schreibtisch und lässt sich gelegentlich von Joana bestimmte Akten oder Schriften bringen. Abgesehen davon, dass ihm die aktive, schreibende Rolle zufällt, während Joana lediglich die passive Beobachterposition einnimmt, hängt für ihn eine existenzverleihende Selbstdefinition von dieser Tätigkeit ab.

Que animal, pensou ela. Ele interrompeu o que escrevia e olhou-a aterrorizado, como se ela lhe tivesse jogado alguma coisa. Continuou a fixá-lo sem força e Otávio mexeu-se na cadeira, pensando apenas que não estava sozinho. Sorriu, tímido e importunado, estendeu-lhe a mão por cima da mesa. Ela afastou o corpo da cadeira e ofereceu-lhe por sua vez a ponta dos dedos. Otávio comprimiu-os rapidamente, sorridente, e logo depois, antes mesmo que ela tivesse tempo de recolher o braço, voltou-se furiosamente para o caderno, o rosto quase afundando nele, a mão trabalhando.
Era ele quem estava sentindo agora, pensou Joana. E, de repente, talvez de inveja, sem nenhum pensamento, odiou-o com uma força tão bruta que suas mãos se fecharam sobre os braços da poltrona e seus dentes se cerraram.[171]

Doch Otávio spürt einen leisen, bedrohlichen Frust beim Paraphrasieren und Resümieren seiner großen juristischen Vorbilder. Auch wenn er beim Schreiben ‚zufriedenstellende' Gefühlsregungen entwickelt, ist ihm deren Ursprung nicht wirklich bewusst, was sich unter anderem in der transponierten Synästhesie der „arbeitenden Hand" („a mão trabalhando") widerspiegelt. Die Schrift entspringt ergo den fleißigen Fingern und nicht dem Kopf.

---

170 Lispector: *Perto do Coração Selvagem*, S. 49f.
171 Ibid., S. 106.

Otávio spürt durchaus, wie sehr Joana sich zum Schreiben hingezogen fühlt. Doch das Teilen jeglicher Information über seine Arbeit setzt er mit einer Übergabe des Zepters gleich. Umso erschütterter ist er, als er zwischen seinen Büchern ein loses Blatt findet, das Joanas zwar unsichere Handschrift, aber sichere Worte zieren:

> Uma folha de caderno intercalava suas páginas. Olhou-a e descobriu a letra incerta de Joana. Inclinou-se com avidez. "A beleza das palavras: natureza abstrata de Deus. É como ouvir Bach." Por que preferia que ela não tivesse escrito essa frase? Joana sempre o encontrava desprevenido. Ele se envergonhava como se ela estivesse claramente mentindo e ele fosse obrigado a enganá-la, dizendo-lhe que acreditava nela...[172]

Aus diesem kurzen Exzerpt geht hervor, dass der Zugang zur Literatur für beide etwas Verschiedenes bedeutet. Während Otávio sich an Ideen wie „Do mesmo modo por que tanto mais verdadeiro é um conceito quanto ele é um só e não precisa transformar-se diante de cada caso particular"[173] festhält, wähnt Joana die vielfältigen Möglichkeiten, die in der Antwort auf Jean-Luc Nancys Frage „Was interessiert uns denn sonst in der »Literatur« und in der »Kunst«?"[174] mitklingen:

> Was in der Kunst zählt und was die Kunst zur Kunst macht (und was aus dem Menschen den Künstler der Welt macht, sprich der die Welt *für* die Welt exponiert), ist nicht das »Schöne« noch das »Erhabene«, nicht die »Zweckmäßigkeit ohne Zweck« noch das »Geschmacksurteil«, es ist nicht die »sinnliche Darstellung« noch das »Ins-Werk-setzen der Wahrheit«, es ist all das, sicher, aber anders: Es geht hier um den Zugang zum abseitigen Ursprung, in seinem Abseits selbst, um das plurale Erreichen des singulären Ursprungs.[175]

Um zu ihren eigenen Gedanken und ihrer individuellen Schrift vorzudringen, entscheidet sich Joana am Ende des Romans, einen separaten Weg – abseits von Familie und Verwandtschaft – einzuschlagen. Daraus lässt sich einerseits der Wunsch ablesen, aus dem Abseits auf ihre Vergangenheit zurückblicken zu können („Que terminaria uma vez a longa gestação da infância e de sua dolorosa imaturidade rebentaria seu próprio ser, enfim, enfim livre!"[176]), andererseits auch der Drang nach Emanzipation in Form von kreativem Schaffen („[...] sobretudo um dia virá em que todo meu movimento será criação [...]"[177]).

---

172 Lispector: *Perto do Coração Selvagem*, S. 123.
173 Ibid., S. 122.
174 Nancy, Jean-Luc: *Singulär plural sein*. Berlin: diaphanes 2004, S. 37.
175 Ibid., S. 37f. Herv. i. Orig.
176 Lispector: *Perto do Coração Selvagem*, S. 202.
177 Ibid., S. 202.

4.2.4. Die Reise

Nun wirkt womöglich die an dieser Stelle gewagte These ein wenig paradox, dass es neben dem Wunsch, ihre Ideen selbst gestalterisch zu verwirklichen, die Begegnungen mit konträren Charakteren, die in den vorangegangenen Kapiteln beschrieben wurden, und die beiläufigen Ereignisse sein sollen, aufgrund derer Joana es schafft, zum Schluss ihre eigene Reise zu unternehmen. Hätte sie sich im Zusammenleben oder durch die Begegnung mit einer dieser Personen komplett identifiziert, oder wäre sie nicht immer die, die in einer Beziehung die Dritte ist, käme eine ganz andere Dynamik der Erzählung zustande. Sie wäre an einem bestimmten Punkt stehen geblieben, die Multiperspektivität verloren gegangen. Im Prinzip steckt dahinter nichts anderes als das Charakteristikum einer Gemeinschaft, mit der sich das Individuum identifizieren kann oder nicht. Joanas Wesen strebt jedoch nicht nach Anerkennung, sondern nach Bestreitung. Maurice Blanchot führt diesen Gedanken in *Die uneingestehbare Gemeinschaft* aus: Damit ein Subjekt existieren kann, begibt es sich zum anderen, der es bestreitet und es manchmal negiert, um dann in diesem Entzug das Sein zu beginnen.[178]

Und in Joana entstehen tatsächlich Kreise, Wirbel, die sie vorantreiben, indem sie die Vergangenheit, die sie innerhalb einer kleinen Gemeinschaft gelebt hat, hinter sich lässt: „Continuo sempre me inaugurando, abrindo e fechando círculos de vida, jogando-os de lado, murchos, cheios de passado."[179]

Jedoch rührt der Antrieb nicht nur durch den Vergleich zum ‚Anderen', durch den sie spürt, wer sie nicht ist. Mithilfe dieser – wenn auch befremdlichen – Erfahrungen wächst Joana, und zwar ins Unermessliche. Es verhält sich so, wie Michel Foucault in *Die Ordnung der Dinge* über das Ursprüngliche verlautbart:

> Das Ursprüngliche im Menschen ist das, was von Anfang an ihn nach etwas anderem gliedert als ihm selbst. Es ist das, was in seiner Erfahrung Inhalte und Formen einführt, die älter als er sind und die er oft nicht beherrscht. Er ist das, was ihn mit multiplen, verkreuzten, oft aufeinander irreduziblen Zeitfolgen verbindet, ihn durch die Zeit verstreut und inmitten der Dauer der Dinge sternförmig ausstrahlen läßt.[180]

Und auch wenn die junge Joana fleht: „Porque não vem a chuva dentro de mim, eu quero ser estrela",[181] muss sie eben erst selbst erfahren, wie der Weg bis dahin zu meistern ist. Das Ende des Romans impliziert dafür keine eindeutige Lösung – es können lediglich Thesen darüber aufgestellt werden, was genau sich während und nach ihrer Reise ereignet und ob sie sich innerhalb der Streuung selbst behaupten kann. Von Relevanz ist hier auf jeden Fall der Umstand, dass sich in Joana dieser individuelle Impuls, der Drang nach (fremder) Vielfältigkeit, auf ihre noch ungeschriebene Zukunft bezieht. Ihre Sternstunde soll sie noch erleben und aktiv mitgestalten dürfen – anders, als Lispectors Protagonistin Macabéa, deren *Hora da Estrela* sich im Moment ihres Todes ereignet: „Und in dieser Sternstunde stößt Macabéa ihren

---

178 Blanchot, Maurice: *Die uneingestehbare Gemeinschaft*. Berlin: Matthes & Seitz 1983, S. 17.
179 Lispector: *Perto do Coração Selvagem*, S. 100.
180 Foucault, Michel: *Die Ordnung der Dinge: Eine Archäologie der Humanwissenschaften*. Frankfurt a. M.: Suhrkamp 1980, S. 399.
181 Lispector: *Perto do Coração Selvagem*, S. 66.

ersten Schrei aus, ihren Urschrei, der Erlösung und Selbstfindung gleichermaßen umfasst […]. Der Schrei verleiht ihr erstmalige Bedeutung, lässt sie Mensch werden."[182]
Bevor Joana nun alles loslässt, was sie kennt, verschiebt sich ihr Wachzustand noch mehrmals, es durchkreuzen sie Kindheitserinnerungen, Stimmen, die ihr vertraut sind und Meinungen, die sie gehört hat. Sie wird zu einem Ort, der mehrere Zeit- und Erzählebenen verbindet, jedoch ohne zu wissen, wie sich daraus ein eigener Impuls oder eine eigene Energie herauskristallisieren sollen. Joana ist dabei Erzählende und Erzählte, aber auch Inhalte und Formen tauchen in ihr auf, die sie nicht beherrschen kann.

Das Kapitel *O Abrigo no Homem*[183] führt dieses vielschichtige Crescendo auf wenigen Seiten vor – es handelt sich dabei um die letzte Rückblende, in der unterschiedlichste Zeitpunkte ihrer Vergangenheit aufeinander treffen, ehe sich Joana von ihr trennt und die letzten drei Kapitel Joanas erste Schritte der selbstbestimmten Reise beschreiben: „Como terminar a história de Joana?",[184] „Titia, ouça-me, eu conheci Joana, de quem lhe falo agora"[185] und „Tenho os cabelos cortados, castanho, às vezes uso franja. Vou morrer um dia. Nasci também."[186] – kurz dominiert noch die Kindheit in Joanas Gedanken, Bilder ihrer Tante und Erinnerungen an jugendliche Stirnfransen erscheinen vor ihrem inneren Auge, doch dann lässt sie los und verfällt ihrer eigenen, spielerischen Welt der Worte:

> Esse era uma criança uma ameba flores brancura mornidão como o sono por enquanto é tempo por enquanto é vida mesmo que mais tarde… Tudo como a terra uma criança Lídia uma criança Otávio terra de profundis…[187]

Das „de profundis…" beendet das Kapitel und leitet sodann zu Joanas Vorbereitungen über, die sie trifft, bevor sie sich auch von der letzten Person, dem Mann ohne Namen, verabschiedet. Aus dem Psalm 129 stammend und nach den Anfangsworten benannt, ist *De profundis* ein Totengebet der katholischen Kirche, doch an dieser Stelle ein Indikator dafür, dass Joana an den Moment ihrer eigenen Schöpfungskraft glaubt, wie ebenfalls Nelly Novaes Coelho feststellt:

> Integrado na *escritura clariceana*, o *De Profundis* representa uma rejeição da antiga imagem de Deus (o Todo-Poderoso que existe fora do ser humano e que castiga ou premia) e a integração do ser humano na força criadora que gerou o mundo, a vida… pois sem ele essa força torna-se estéril ou infecunda.[188]

Somit kann resümiert werden, dass *PdCS* durch die konkret ausgewählten und beschriebenen Passagen von Joanas Leben und den wenigen, aber prägenden Protagonisten, eine Multi-

---

182 Sartingen, Kathrin: „O Direito ao Grito – Intimistisches Schreiben bei Clarice Lispector, Mercé Rodoreda und Carmen Laforet", in: *Geschlecht – Ordnung – Wissen. Festschrift für Friederike Hassauer zum 60. Geburtstag*, hrsg. v. Judith Hoffmann/Angelika Pumberger, Wien: Praesens Verlag 2011, S. 219–233, hier S. 220. Herv. i. Orig.
183 Lispector: *Perto do Coração Selvagem*, S. 163–175.
184 Ibid. S. 171.
185 Ibid. S. 172.
186 Ibid. S. 173.
187 Ibid. S. 173.
188 Coelho: *A Literatura Feminina no Brasil Contemporâneo*, S. 187. Herv. i. Orig.

perspektivität offenbart, die sich unterschiedlich auf Joanas Dasein auswirkt. Sie setzt sich in Beziehung zu den Personen, die sie umgeben und fühlt sich dabei gleichsam fremd wie inspiriert. Wie genau sich diese Dynamik in Joana widerspiegelt und welche Funktionen sie innehaben könnte, ist Thema der nächsten Kapitel.

4.3. Analyse

4.3.1. Temporale Konstruktion des ersten Romanteils

Perto do Coração Selvagem kennzeichnet eine sehr spezifische temporale Konstruktion, da die Narration – abgesehen von der Einteilung in einen ersten und zweiten Teil – in weitere Ebenen zerfällt, wie zuvor kurz angesprochen wurde. So einfach sich der Text als eine Art Gewebe mit seiner vertikalen Kette und seinem horizontalen Schuss betrachten lässt, so schwierig gestaltet sich der Versuch, die Summe der gestalterischen einzelnen Teile auszumachen.

Aus diesem Grund sollen die nachfolgenden Tabellen die Abfolge der Kapitel des ersten und zweiten Teils des Romans veranschaulichen. Die Spalte *Anordnung der Ereignisse* dient dazu, die temporal anachronistische Komposition hervorzuheben. Im Grunde genommen können die Anachronien in *PdCS* ebenso als Ellipsen definiert werden, doch für eine detaillierte Analyse ist dieser Begriff in diesem Fall nicht weiterführend. Erstens existieren in *PdCS* keine expliziten Ellipsen, da der ausgesparte Zeitraum nie angegeben wird. Deswegen könnte lediglich in Erfahrung gebracht werden, dass *PdCS* aus impliziten Ellipsen aufgebaut ist, denn die chronologischen Lücken oder Unterbrechungen müssen großteils vom Leser erschlossen werden.

Die Seitenzahlen in den Klammern[189] zeigen in der gleichen Spalte die Pseudo-Zeit der einzelnen Ereignisse der Erzählung an, um damit auf das Verhältnis zur temporalen Ordnung der Geschichte per se aufmerksam zu machen. Die letzte Spalte ist eine persönliche Evaluation der spezifischen Merkmale der Kapitel: Der *Fokus* beschreibt schlagwortartig die dramatische Konzentration innerhalb der einzelnen Abschnitte mit dem Ziel, den Rhythmus der Diegese zu visualisieren – und ist nicht mit der Erzählerposition zu verwechseln.

Perto do Coração Selvagem handelt, wie bereits erwähnt, in erster Linie von Joana, doch die wenigen Personen, die ihr Leben beeinflussen, weisen eine unterschiedlich starke Präsenz in den einzelnen Kapiteln sowie im ersten und zweiten Teil auf. Je nachdem wie stark diese Präsenz sich im Geschehen festmacht und welche Gedankenwelt beschrieben wird, wurde eine rudimentäre Einteilung in *weiblich* und *männlich* vollzogen – mit der Legitimation, dass die auf ein Wesentliches reduzierte Handlung ebenso eine Spannung zwischen zwei Daseinsformen, der männlichen und der weiblichen, beschreibt. Konzentriert sich ein Kapitel vordergründig auf Joana, wurde dies zusätzlich hervorgehoben.

---

189 Anm.: Seitenzahlen verstehen sich als ‚durchgezählte' Seiten (sie entsprechen also nicht der Kapitelunterteilung, da diese auch leere Seiten miteinschließt) und beziehen sich auf folgende Ausgabe: Lispector, Clarice: *Perto do Coração Selvagem*. Lisboa: Relógio D'Água 2000.

Ebenso prägnant sind die Stufen der Initiation: In ...*Um Dia*... erlebt Joana die Eingliederung in die Volksschule, in ...*O Banho*... findet der Umzug aus dem Haus ihrer Verwandten ins Internat statt. Hervorzuheben ist die aus der folgenden Darstellung resultierende Erkenntnis, dass im ersten Teil eine Spiegelung des Fokusses feststellbar ist.

PRIMEIRA PARTE / ERSTER TEIL		
Kapitel	Anordnung der Ereignisse	Fokus
O Pai (Der Vater)	Kompletive Analepse (5 Seiten)	männlich
O Dia de Joana (Johannas Tag)	Basiserzählung (7 S.)	Joana
...Um Dia... (...Eines Tages...)	Kompletive Analepse (6 S.)	Joana (Initiation)
O Passeio de Joana (Johannas Spaziergang)	Basiserzählung (4 S.)	Joana
...A Tia... (...Die Tante...)	Kompletive Analepse (7 S.)	weiblich
Alegrias de Joana (Johannas Freuden)	Repetitive Analepse (4 S.) / Basiserzählung (2 S.)	Joana
...O Banho... (...Das Bad...)	Kompletive Analepse (16 S.) / Repetitve Analepse (8 S.)	Joana (Initiation)
A Mulher da Voz e Joana (Die Frau mit der Stimme und Johanna)	Basiserzählung (3 S.) / Repetitive Analepse (3 S.)	Joana
Otávio (Octavio)	Basiserzählung (4 S.) / Heterodiegetische Analepse (7 S.) / Kompletive Analepse (10 S.) / Basiserzählung (1 S.)	männlich

Tabelle 1: Erster Teil von *Perto do Coração Selvagem*

Um die Anordnung der Ereignisse in ein Verhältnis zueinander bringen zu können, musste eine Basiserzählung, ein einem Nullpunkt[190] korrespondierender Moment, eruiert werden. Bei *PdCS* ist dies kein einfaches Unterfangen und eigentlich nicht unbedingt erforderlich, denn was hier als Basiserzählung bezeichnet wird bedeutet nicht viel mehr, als die einführenden Worte des Kapitels *O Homem* beschreiben: „Entre um instante e outro, entre o passado e o futuro, a vaguidão branca do intervalo."[191]
Tatsächlich wäre es ebenso passend, einige der Passagen, die hier in die Kategorie *Basiserzählung* fallen, als ‚intervalo', eine Art Pause, zu definieren, da Joana zu verharren neigt, fasziniert oder gebremst durch eine Beobachtung. Dennoch fallen diese deskriptiven Abschnitte

---

190   Cf. Genette, Gérard: *Die Erzählung*. Paderborn: Fink 2010, S. 23.
191   Lispector: *Perto do Coração Selvagem*, S. 157.

nicht aus der Zeitlichkeit der Geschichte heraus – dieses Haltmachen entspricht stets einem kontemplativen Verweilen der Protagonistin selber.[192]

Die Basiserzählung definiert hier den unbestimmten Zeitraum von Joanas Ehe, von dem aus temporale Sprünge vorgenommen werden.

Das erste Kapitel beginnt also in der Kindheit, daraufhin wird aber mit dem Einschub der Basiserzählung klar kommuniziert, dass Joana bereits mit Otávio liiert ist und sich nun in einem unsicheren ‚Ist-Zustand' befindet, dessen Fortgang ihr verborgen bleibt. Von diesem Moment ausgehend können erst die Anachronien gemessen werden – vor allem, da Joana am Ende des zweiten Kapitels *O Dia de Joana* selbst die bevorstehenden Rückblenden vorwegnimmt und den Leser auf die kommenden Ereignisse vorbereitet; sie weckt eine Erwartung – jedoch ohne etwas zu antizipieren:[193]

> Nesse instante mais desperta, se quisesse, com um pouco mais de abandono, Joana poderia reviver toda a infância... O curto tempo de vida junto ao pai, a mudança para a casa da tia, o professor ensinando-lhe a viver, a puberdade elevando-se misteriosa, o internato... o casamento com Otávio... Mas tudo isso era muito mais curto, um simples olhar surpreso esgotaria todos esses fatos.[194]

In der Tabelle wird ersichtlich, wie regelmäßig sich die Basiserzählung danach mit den Rückblenden verflicht – der Aufbau ist in seiner Form ‚wohlproportioniert', es können gleichmäßige Bögen zwischen den Anachronien und der Basiserzählung gezogen werden. Gehalten werden die Kapitel von einer ‚männlichen Klammer', der Kern ist weiblich geprägt. Diese Beobachtung ist durchaus von Bedeutung, schließlich impliziert die Trennung in einen ersten und zweiten Teil eine Zäsur, was sich auch aus dem Kapitel *Otávio* ablesen lässt: Darin findet die erste heterodiegetische Analepse ihren Eingang – die Gedanken Joanas werden allmählich zurückgedrängt.

4.3.2. Temporale Konstruktion des zweiten Romanteils

Die Suppression von Joanas Stimme kann besonders in der Aufstellung der Kapitel des zweiten Teils festgestellt werden – er beginnt nicht eines ironischen Zufalls wegen mit *O Casamento*, der Hochzeit. Der Raum – auch des Buches an sich –, der zuvor von Joanas individueller Vergangenheit beeinflusst war, erfährt ab dem Tag der Eheschließung eine neue Gewichtung. Zwei Initiationen bestimmen diesmal die Klammer des zweiten Teils: die Hochzeit mit Otávio und die Trennung von der Gemeinschaft. Der Kern wird nicht von Joana bestimmt – es tritt in Form der Lídia eine andere Frau in ihr Eheleben und führt zu dessen Riss. Des Weiteren ist keine explizite Regelmäßigkeit im Aufbau erkennbar.

Die Basiserzählung, die anfangs noch in der Hand ‚der Anderen' zu liegen scheint, wird zum Schluss hin sukzessiv von Joana festgelegt. Die Vergangenheit, die im ersten Teil durch die

---

192 Cf. Genette: *Die Erzählung*, S. 71.
193 Anm.: Unterscheidung zwischen *Vorgriff* und *Vorhalt*, vid. Genette: *Die Erzählung*, S. 51.
194 Lispector: *Perto do Coração Selvagem*, S. 22f.

häufigen Analepsen sehr gegenwärtig und bestimmend für die Fortsetzung der Handlung erscheint, wird deutlich unwesentlicher:

SEGUNDA PARTE / ZWEITER TEIL		
Kapitel	**Anordnung der Ereignisse**	**Fokus**
O Casamento (Die Hochzeit)	Kompletive Analepse (2 Seiten) Basiserzählung (5 S.)	Joana (Initiation)
O Abrigo no Professor (Die Zuflucht bei dem Lehrer)	Repetitive Analepse (5 S.)	männlich
A Pequena Família (Die kleine Familie)	Heterodiegetische Analepse (13 S.)	männlich
O Encontro de Otávio (Die Begegnung mit Octavio)	Homodiegetische interne Analepse (7 S.)	Joana
Lídia (Lydia)	Basiserzählung (4 S.) Kompletive Analepse (3 S.) Basiserzählung (10 S.)	weiblich
O Homem (Der Mann)	Basiserzählung (6 S.)	männlich
O Abrigo no Homem (Die Zuflucht bei dem Mann)	Basiserzählung (9 S.) Repetitive Analepse (2 S.)	männlich
A Víbora (Die Natter)	Basiserzählung (12 S.)	Joana
A Partida dos Homens (Der Fortgang der Männer)	Basiserzählung (8 S.)	Joana
A Viagem (Die Reise)	Basiserzählung (8 S.)	Joana (Initiation)

Tabelle 2: Zweiter Teil von *Perto do Coração Selvagem*

Die Darlegung der Kapitel in den Tabellen soll bei der nachfolgenden Interpretation des Romans behilflich sein, da die Verbildlichung verständlich macht, weshalb die Chronologie der Ereignisse und besonders einzelne Abschnitte in ihrer ‚Fremdbestimmtheit' für die These dieser Arbeit von Bedeutung sind.

Es mag verwundern, dass bisher – ausgenommen von Joana – keine weiteren Figuren des Romans ausführlicher beschrieben wurden. Das hängt damit zusammen, dass diese Ausführung einen Teil der intertextuellen Analyse darstellt, bei der der Fokus auf drei Männer aus *PdCS* gerichtet wird.

5. Fernando Pessoas *Drama em Gente*

Die im ersten Kapitel dargelegten intertextuellen Ansätze sollen in diesem Kapitel dabei behilflich sein, den Roman *Perto do Coração Selvagem* intertextuell mit dem Werk Pessoas zu vernetzen.
Vorher müssen jedoch zwei Punkte geklärt werden:
Erstens wird im Folgenden nicht von Pessoas Gesamtwerk die Rede sein. Ein solches Vorhaben würde den Rahmen dieser Arbeit sprengen. Der Schwerpunkt wird auf die drei bekanntesten Heteronyme Pessoas (vid. dazu Kapitel *Fernando Pessoa – Biografie*), deren ‚Handschrift' und deren Relation zu Pessoa gelegt.
Zweitens stellt sich bei Pessoa zwangsläufig die Frage, inwieweit bei den Heteronymen selbst von intertextuellen Merkmalen gesprochen werden kann. Da diese Themenstellung genügend Material für eine weitere Arbeit bereithielte, kann an dieser Stelle lediglich auf diese fortführenden intertextuellen ‚Ausläufer' innerhalb der vorliegenden Abhandlung aufmerksam gemacht werden.

5.1. Die drei Heteronyme

Mithilfe des Exzerpts aus Pessoas Brief an seinen Freund Casais Monteiro, in dem er die Genese der Heteronyme Alberto Caeiro, Álvaro de Campos und Ricardo Reis beschreibt (s. o.), wurde bereits ein Einblick in die Konstellation gewährt, in dessen Mitte sich Pessoa ab diesem Zeitpunkt befinden sollte. Die drei Dichtergestalten nehmen neben dem Orthonym Pessoa eine gleichberechtigte Stellung ein. Sie entwickeln verschiedene Denkansätze und vertreten voneinander divergierende Empfindungsformen und Weltanschauungen. Vor allem ihre charakteristischen sprachlichen Stile machen die drei Heteronyme unter sich unverkennbar. Zudem verfasste Pessoa jedem von ihnen Horoskope sowie eine eigene Biografie, die nicht nur den Geburtsort festlegte, sondern auch Geburts- und Todesdatum[195].
Doch welche Funktionen hatten die Heteronyme für Pessoa? Und wen oder was repräsentierten sie genau?
Die folgenden Kurzdarstellungen bieten eine mögliche Antwort auf diese Fragen an.

---

195 Nur für Ricardo Reis liegt kein Todesdatum vor. José Saramago lässt ihn in seinem Roman *O Ano da Morte de Ricardo Reis* nach langjährigem Aufenthalt in Brasilien nach Lissabon zurückkehren, wo er auch zur Ruhe kommt. Vid. Saramago, José: *O Ano da Morte de Ricardo Reis*. Lisboa: Ed. Caminho 1993.

5.1.1. Alberto Caeiro

Alberto Caeiro ist, abgesehen von einer Illusion, wie es alle Heteronyme und möglichen Abweichungen von Autoren, die man bei Pessoa findet, sind, ein Meister – und Lehrer von Reis und Campos – und trägt somit eine Wahrheit und einen Weg in sich.[196] Ähnlich formuliert es Octavio Paz:

> Caeiro, der von den Heteronymen der Natürlichste und Schlichteste ist, ist der am wenigsten Wirkliche. [...] Er ist eine absolute Bejahung des Existierens, und deshalb scheinen uns seine Worte Wahrheiten einer anderen Zeit, jener Zeit, in der alles ein und dasselbe war. Sinnlich wahrnehmbare und unberührbare Gegenwart: sobald wir sie benennen, verflüchtigt sie sich![197]

Caeiro stellt eine komplexe Simplizität dar, eine profunde Gegenwart, die komplett den Sinneswahrnehmungen, vordergründig dem Sehen, zugeschrieben ist und vertritt damit den Sensacionismo: „O Sensacionismo de Caeiro não é só uma arte, mas também uma ciência e uma moral. É uma poesia, uma interpretação do mundo e uma eudemonologia."[198] Er ersetzt Gedanken durch Sinnesempfindungen und öffnet sich so dem Realen, der äußeren Welt. So verlautbart er beispielsweise im zweiten Gedicht des Zyklus' *O Guardador de Rebanhos*: „[...] Eu não tenho filosofia: tenho sentidos [...]"[199] und im neunten: „[...] os pensamentos são todos sensações [...]".[200]

Seine Gedichte haben bukolischen Charakter und sind durch eine einfache, universelle Sprache geprägt, was ihn auch zum Meister erhebt. Er selbst lebt in der Natur und er ist auch auf natürliche Weise allein. Anders als die feudalen Herren, die in der Großstadt leben, sich luxuriöse Kleidung gönnen und sich in komplizierte Metaphern hüllen, zieht Caeiro den schweren Metaphern leichte und simple Vergleiche vor.

Im Gegensatz zu seinem Schöpfer hat er etwas animalisch Gesundes, Naives. Er sieht selbst seiner ‚Natur' ähnlich, aber er ist sie nicht, noch vermengt er sich je mit den Dingen. Dadurch, dass er sich nicht erhaben über die Dinge stellt, sondern sich ihnen bescheiden ‚zugesellt', kann er die Welt als Erscheinung fassen und sie lieben.[201] Oder anders: Hinter seiner Poesie schimmert stets das Symbol eines ewigen Kindes durch.

Caeiro negiert durch die bloße Tatsache seiner Existenz die Ästhetik Pessoas – und diese Divergenz vervollständigt wiederum das ‚Universum Pessoa'. Die Welt existiert, weil seine Sinne es ihm sagen; und indem sie ihm das sagen, sagen sie ihm, dass auch er existiere.[202]

196	Cf. Martins, Fernando Cabral: „A Noção das Coisas", in: *Alberto Caeiro. Poesia*, hrsg. v. Fernando Cabral Martins/Richard Zenith, Lisboa: Assírio e Alvim 2004, S. 267–292, hier S. 276.
197	Paz: „Fernando Pessoa – Der sich selbst Unbekannte", S. 96f.
198	Martins: „A Noção das Coisas", S. 283.
199	Martins, Fernando Cabral/Zenith, Richard [Hrsg.]: *Alberto Caeiro. Poesia*. Lisboa: Assírio e Alvim 2004, S. 24.
200	Ibid., S. 42.
201	Güntert: *Das fremde Ich. Fernando Pessoa*, S. 136.
202	Cf. Paz: „Fernando Pessoa – Der sich selbst Unbekannte", S. 94f.

5.1.2. Ricardo Reis

Ricardo Reis wird als der ‚Klassische' unter den Heteronymen bezeichnet. Er besuchte eine Jesuitenschule, studierte Medizin und wurde durch seine Erziehung zum Latinisten. Außerdem ist er überzeugter Monarch und pflegt einen aristokratischen Stil. In allem was er tut steckt ein wenig Argwohn und etwas sehr Berechnendes. In den Augen von Jacinto Prado de Coelho ist Reis „um homem de ressentimento e cálculo, que sofre com as ameaças inelutáveis e permanentes do Fatum, da Velhice e da Morte".[203] Ihm ist es wichtig, seine Disziplin einzuhalten und eine emotionale Distanz zu anderen zu bewahren, um ein ungestörtes Dasein zu führen und die Dinge mit Klarheit wahrzunehmen.

Die bereits erwähnten Bedrohungen sind, neben der Liebe,[204] die Hauptthemen seiner Dichtung, die meist in kanonischer Form der Oden von Horaz zum Ausdruck kommt. Das mag den Anschein erwecken, Reis hätte sich der Vergangenheit verschrieben, indessen hat er für sich beschlossen, in einer „zeitlosen Weisheit"[205] zu leben. Von wesentlicher Bedeutung sind für ihn die Form und die Metrik, jede Strophe muss minutiös erarbeitet und berechnet werden. In Bezug auf dieses Charakteristikum stellt Paz ganz trocken fest: „Reis' Form ist bewundernswert und eintönig, wie alles, was von kunstreicher Vollkommenheit ist."[206] Doch er ahmt Horaz nicht nur hinsichtlich der Thematik seiner Gedichte nach, sondern auch durch hypotextuelle Elemente wie weibliche Namen, die er darin beschwört, beispielsweise Cloe, Neera oder Lídia/Lydia:

No momento em que vamos pelos prados
E o nosso amor é um terceiro alli,
Que usurpa que saibamos
Um ao certo do outro,

Nesse momento, em que o que vemos mesmo
Sem o vermos na propria essencia entra
Da nossa alma commum –
Lydia, nesse momento

De tão sentir o amor não sei dizer-t'o,
Antes, se fallo, só dos prados fallo
E põe-se musica ao meu
Eros connosco invisivel.[207]

---

203   Cf. Coelho, Jacinto do Prado: *Diversidade e Unidade em Fernando Pessoa*. Lisboa: Editorial Verbo 1963, S. 30.
204   Anm.: Reis hat das Themas der Liebe von den drei Heteronymen am meisten und ausführlichsten behandelt.
205   Paz: „Fernando Pessoa – Der sich selbst Unbekannte", S. 100.
206   Ibid., S. 101.
207   Duarte, Luíz Fagundes [Hrsg.]: *Poemas de Ricardo Reis – Volume III*. Lisboa: Imprensa Nacional Casa da Moeda 1994, S. 141.

Das Aufkommen von Gefühlen ist bei Reis praktisch unmöglich, da es ihm vorher wichtiger ist, über das unumgängliche Schicksal des Menschen nachzudenken: „Reis é cativado pela ideia de que nós somos tempo e nada mais, uma breve luz irrompendo sem razão no seio de uma vida desprovida dela e de novo reenviada à pura noite."[208] Demnach erfüllen die Frauennamen nicht mehr als die Rolle eines Imperativs – wären sie tatsächlich anwesend, fühlte sich Reis bei der Beobachtung der Natur und beim Aufkommen philosophischer Gedanken nur gestört.

Reis' Auffassung vom Leben und von der Poetik bildet somit nicht nur einen Kontrast zu Caeiros schlichtem und illusorischem Weltbild, sondern auch zum dritten Heteronym der Triade.

5.1.3. Álvaro de Campos

Die Gedichte Álvaro de Campos' zerbersten beinahe aufgrund der Intensität und Kraft, die ihnen innewohnt und zeichnen sich durch die freie Versform, ihren monologhaften Charakter sowie durch Klangmalereien aus, die wiederum an futuristische Texte erinnern. Er spricht oft von der Einsamkeit in den modernen Großstädten, vom Wunsch, das Universum zu verkörpern und alle Gefühle und Empfindungen gleichzeitig leben zu können: „Sentir tudo excessivamente, / Porque todas as cousas são, em verdade, excessivas / E toda a realidade é um excesso, uma violencia."[209] Er wird als zügelloser und fieberhafter Dichter beschrieben, der aber auch in sich gekehrt in einer stillen, unheimlichen Pause verharren kann: „[…] ora nos surge na dependência da circunstância exterior, do estado dos nervos, das sensações do momento, ora mergulha em si próprio para sentir o terror do mistério de todas as coisas."[210] Zudem hegt er eine Faszination für Fabriken und Maschinen, was wohl dem Umstand zuzuschreiben ist, dass er nach seinem Schulabschluss nach Schottland geschickt wurde, um an der Universität Glasgow Schiffstechnik zu studieren.

Campos' Bewunderung gilt den Maschinen als Nachbildung, Vereinfachung und Vervielfachung der Lebensprozesse: Einerseits bezaubern sie uns, andrerseits erfüllen sie uns mit Entsetzen, weil sie uns das Gefühl von Intelligenz und Unbewusstsein geben – denn alles, was sie machen, machen sie gut, doch sie wissen nicht, was sie machen.[211]

In seinem Gedicht *Ode Marítima* entwickelt er, stehend am Hafen, bei der Sichtung eines Schiffes, den obsessiven Drang, von ebendiesen Maschinen und Propellern zerfetzt zu werden, um nicht nur in seiner eigenen Vergangenheit, sondern auch in der der Menschheit, in der Zeit der Entdeckungen verstreut zu werden:

> Ah, torturai-me,
> Rasgai-me e abri-me!
> Desfeito em pedaços conscientes

---

208 Lourenço: *Fernando Pessoa Revisitado*, S. 51.
209 Zit. nach: Berardinelli, Cleonice [Hrsg.]: *Edição Crítica de Fernando Pessoa. Volume II. Poemas de Álvaro de Campos*. Lisboa: Imprensa Nacional Casa da Moeda 1990, S. 263.
210 Coelho: *Diversidade e Unidade em Fernando Pessoa*, S. 67.
211 Cf. Paz: „Fernando Pessoa – Der sich selbst Unbekannte", S. 98.

Entornai-me sobre os conveses,
Espalhai-me nos mares, deixai-me
Nas praias ávidas das ilhas!
[...]
Grita tudo! tudo a gritar! ventos, vagas, barcos,
Mares, gáveas, piratas, a minha alma, o sangue, e o ar, e o ar!
Eh-eh-eh-eh! Yeh-eh-eh-eh-eh! Yeh-eh-eh-eh eh! Tudo canta a gritar![212]

Álvaro de Campos' Dichtung begleitet Pessoa sein ganzes Leben lang. Im Gegensatz zu den anderen Heteronymen lässt sich bei ihm eine deutliche Entwicklung erkennen, die ihn in der Spätphase dem orthonymen Pessoa annähert.[213]

5.2. Das Dreieck bei Pessoa

Aus der zuvor gegebenen Beschreibung der drei Heteronyme geht eine komplexe Konstellation hervor – Pessoas Universum –, das auch bei einer profunden Kenntnis von Pessoas Werk viele Fragen offen lässt. Doch eines wird bei der Erörterung dieser konträren Dichtergestalten evident: Ähnlich wie bei Joana, der Protagonistin von *Perto do Coração Selvagem*, und ihren Begegnungen mit unterschiedlichen Charakteren, ermöglichen die Heteronyme es Pessoa, gleichzeitig auf unterschiedlichen Bahnen zu denken und zu fühlen.
Um dieses Verhältnis zu visualisieren, habe ich folgendes Dreieck erstellt:

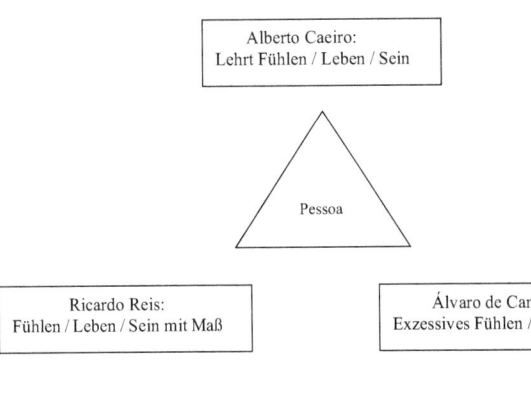

Abb. 2: Das Dreieck bei Pessoa

---

212 Pessoa, Fernando: *Antologia Poética*, hrsg. v. Isabel Pascoal, Lisboa: Ulisseia 1992, S. 169.
213 Cf. Kreutzer, Winfried: „Fernando Pessoa", in: *Lektüren für das 21. Jahrhundert*, hrsg. v. Martha Kleinhans/Klaus Stierstorfer, Würzburg: Königshausen & Neumann 2001, S. 93–119, hier S. 104.

In ihrer archetypischen Erscheinung erfüllen die Heteronyme jeweils eine sehr konkrete Aufgabe: Etwas sein, das Pessoa in seiner eigenen Kunst nicht vertritt.
Wahrscheinlich kommt an diesem Punkt die Frage auf, welche Position Pessoa in diesem Dreieck einnimmt. Theoretisch hätte man ein Quadrat erstellen können, damit Pessoa als klar ersichtlicher Teil in diesem ‚Drama em Gente' auftritt. Ganz zu schweigen davon, dass die Heteronyme ebenso einfach in einer Reihe nebeneinander gestellt werden könnten.
Das Grundproblem in der Linie besteht darin, dass der, der die mittige Position innehat, die anderen beiden nie gleichzeitig sehen kann – stets würde sich eines der Heteronyme auf einer der beiden Gegenseiten befinden. Dadurch, dass es sich aber bei den Gesprächen zwischen Caeiro, Reis und Campos um einen kontinuierlichen Dialog handelt, müsste einer von ihnen, damit sich alle sehen können, in diesem Fall ausscheren. Daraus resultiert dementsprechend das Modell eines plastischen, gleichseitigen Dreiecks.
Ein Quadrat ist deshalb nicht daraus geworden, weil ich Pessoa als einen Punkt in der Mitte des Dreiecks sehen will, da er eben keiner der anderen Positionen zugeordnet werden kann. Hinzu kommt, dass der Mittelpunkt, rein mathematisch gesehen, schwieriger zu berechnen ist als der Schnittpunkt der beiden Diagonalen eines Quadrats. Und so verhält es sich grundsätzlich mit Pessoa: Seine genaue Position ist nur schwer zu ergründen und auch er war sich der Kompliziertheit dieser Berechnung bewusst.
Einige Visualisierungen von Pessoa und seinen Heteronymen illustrieren ihn, wie er – in sitzender Pose oder gehend – einen dreifachen Schatten wirft. Besonders bekannt geworden sind die Gemälde von Antônio Costa Pinheiro, das Folgende stammt aus dem Jahr 1978 und trägt den Titel *Fernando Pessoa e os Heterónimos*.[214] Es lassen sich auf den ersten Blick die markanten Unterschiede feststellen, dazu gehören die Größe der Schatten und die Farbschattierungen. Wesentlich jedoch sind hier die Spiegelungen in den Brillengläsern: Álvaro de Campos, ganz links, blickt auf eine Karavelle, Ricardo Reis, mittig, richtet seine Augen auf eine griechische, Aphrodite-ähnliche Statue, und Alberto Caeiro vertieft seinen Blick in die Natur, hier symbolisiert durch Palmen.

---

214   Multipessoa, Arquivo Pessoa, Obra Aberta. http://multipessoa.net/elementos/imagem/101
      (Letzter Zugriff: 15.02.2012)

Abb. 3: Antônio Costa Pinheiro: Fernando Pessoa e os Heterónimos

Dass es sich nicht wirklich beantworten lässt, ob die Heteronyme nun eindeutig Schatten Pessoas' Darstellung sind oder umgekehrt, wird bei der Betrachtung des Dreiecks bereits verständlich: Fixiert man den Mittelpunkt mit den Augen, verschwinden die anderen Punkte in einem Nebel, in einem Schatten. Konzentriert sich der Betrachter jedoch auf die ganze Form, so löst sich der Punkt darin auf.
Roland Barthes unterstützt auf jeden Fall die These, dass Schatten in der Literatur durchaus ihre Rolle erfüllen:

> Manche wollen einen Text (eine Kunst, eine Malerei) ohne Schatten, der getrennt ist von der „herrschenden Ideologie"; aber das wäre ein Text ohne Fruchtbarkeit, ohne Produktivität, ein steriler Text (siehe den Mythos von der Frau ohne Schatten). Der Text braucht seinen Schatten: dieser Schatten, das ist *ein bisschen* Ideologie, ein *bisschen* Darstellung, ein *bisschen* Subjekt: notwendige Geister, Luftblasen, Streifen, Wolken: die Subversion muss ihr eigenes *Halbdunkel* hervorbringen.[215]

Für die Erklärung des zitierten Halbdunkels liegen beim Mythos Pessoa zahlreiche Theorien vor. Insbesondere einer möchte sich diese Arbeit anschließen. Steffen Dix konstatiert in seinem Werk *Heteronymie und Neopaganismus bei Fernando Pessoa*, dass Pessoa sich wohl gegen das kartesianische ‚Cogito, ergo sum' entschieden hat, da das Cogito jemand anders geartetem nur in nahezu völligem Unverständnis gegenübertreten kann, daraus eine Grenzlinie zum Anderen entsteht und dies sich in den Kategorien wahr und falsch verankert. Es ist zwar einfach, Gleichgesinnte seiner ‚eigenen Wahrheit' zu finden, doch damit hebt sich die Beschränktheit gegenüber dem Fremden nicht auf: Es ist eine *Ein*sicht, die als geselliger empfunden wird. Pessoa hat sich für die Weltbildvervielfältigung entschieden und es Heteronymie genannt: Cogitamus, ergo sum.[216]

---

215 Barthes: *Die Lust am Text*, S. 49. Herv. i. Orig.
216 Cf. Dix: *Heteronymie und Neopaganismus bei Fernando Pessoa*, S. 46ff.

6. Pessoa und Lispector – Spuren der Intertextualität

6.1. Die drei Männer

Um den zuvor genannten Nexus zwischen Joana und Fernando Pessoa weiter auszubauen, gilt es nun, genauer auf drei Männer aus dem Roman *Perto do Coração Selvagem* einzugehen. Die Wahl fällt dabei auf jene männlichen Figuren, die einen bestimmten Einfluss auf Joana und den Fortgang ihrer Geschichte ausüben. Das bedeutet, dass sie entweder mit ihr gelebt haben beziehungsweise – auf ihr Gesuch hin – mit ihr ins Gespräch traten:
Der Professor/Lehrer, Otávio und der Mann aus *Perto do Coração Selvagem* verkörpern diese wesentlichen Rollen und artikulieren ebenfalls den ersten intertextuellen Zusammenhang zwischen Lispectors Roman und Pessoas heteronymischer Konstellation. Sie erinnern aufgrund ihrer persönlichen Charakteristika und Artikulationsweisen, aber auch hinsichtlich ihrer Vorlieben an Caeiro, Reis und Campos. Mithilfe einer konzisen Beschreibung ihrer Figur und ihrer Beziehung zu Joana können erste Parallelen konzipiert werden.

6.1.1. O Professor

Der Professor/Lehrer (ohne Namen) ist eine sehr ungewöhnliche Figur, da nicht hervorgeht, ob er imaginär oder real ist: „E milagrosamente ele penetrava no mundo penumbroso de Joana e lá se movia de leve, delicadamente."[217] Joana flüchtet sich oft in seine Welt, vor allem in ihrer Jugendzeit, in der sie oft mit den Auseinandersetzungen mit ihrer Tante und ihrem Onkel konfrontiert ist. In ihren gemeinsamen Gesprächen fordert der Lehrer sie heraus, sich eine Meinung über die Welt zu bilden, um ihr die Möglichkeiten des Lebens aufzuzeigen: „Se você não me ajudar, não chegarei a conhecê-la, não poderei guiá-la."[218] Da Joanas leiblicher Vater sehr früh verstirbt, nimmt der Lehrer in diesem Sinn auch die Rolle eines Vaters ein.
Doch der Lehrer hat eine Frau und kann sich nicht immer den Sorgen Joanas widmen. Ihr wird bewusst, dass der ‚Unterricht' bei ihm, in dem er ihr beibringt zu leben, zu fühlen und zu sein, zeitlich begrenzt ist. In ihrem späteren Leben muss sie sich auf andere Personen verlassen beziehungsweise auf ihre eigenen Erfahrungen bauen:

> Porque também a nenhum poderei perguntar: diga-me, como são as coisas? e ouvir: também não sei, como o professor responderá. [...] Com quem Joana falaria agora das coisas que existem com a naturalidade com que se fala das outras, das que estão apenas? [...] Porque ninguém mais na sua vida, ninguém mais talvez haveria de lhe dizer, como o professor: vive-se e morre-se.[219]

---

217 Lispector: *Perto do Coração Selvagem*, S. 52.
218 Ibid., S. 54.
219 Ibid., S. 61f.

Joana besucht den Lehrer ein letztes Mal vor ihrer Hochzeit mit Otávio. Mittlerweile ist dieser erkrankt und zu einem alten Mann geworden, der einsam vor sich hin lebt. Sie sucht nach den Gefühlen, die ihre früheren Dialoge ausmachten, doch vergebens. Es liegt nun an Joana, ihre Kindheit, die der Professor symbolisiert, loszulassen, um sich zu trauen, den nächsten Schritt in ihrem Leben zu meistern.

6.1.2. Otávio

Der zweite Mann, der in Joanas Leben tritt und Einfluss auf sie ausübt, ist Otávio. Obwohl es ein Kapitel gibt, das *O Casamento* heißt, wird ihre Hochzeit per se an keiner Stelle beschrieben – sie markiert lediglich einen markanten Einschnitt, wodurch der Roman in zwei Teile gegliedert wird.

Bei ihrer ersten Begegnung ist Otávio bereits mit Lídia, seiner Jugendliebe, verlobt. Joana tritt demnach erneut in eine festgelegte Beziehung. Zwar entscheidet sich Otávio kurzerhand für Joana, aber die Ausgeglichenheit und Ruhe, die er aus dem Zusammenleben mit Lídia kennt, kommen ihm in der Ehe mit Joana abhanden. Die Fragen, die sie ihm stellt, katapultieren ihn hinaus in eine Welt, die er nicht kennenlernen will und in seiner Vorstellung auch nicht akzeptiert.

Er fürchtet ein Leben, in dem keine vorgefertigte Ordnung existiert. Alles geschieht nach Maß und wird mit Muße verrichtet. Mit seiner Büroarbeit identifiziert er sich sehr und erledigt sie auch mit pedantischer Korrektheit:

> Antes de começar a escrever, Otávio ordenava os papéis sobre a mesa minuciosamente, ajeitava a roupa em si mesmo. Gostava dos pequenos gestos e dos velhos hábitos, como vestes gastas, onde se movia com seriedade e segurança. Desde estudante assim se preparava para um trabalho.[220]

Nichts würde ihn mehr aus der Fassung bringen, als sich auf eine gefühlsbetonte oder leidenschaftliche Beziehung mit jemandem einzulassen, weder beruflich noch privat:

> Não sair desse mundo, pensou com certo ardor. Não ter que enfrentar o resto. Só pensar, só pensar e ir escrevendo. Que exigissem dele artigos sobre Spinoza, mas que não fosse obrigado a advogar, a olhar e lidar com aquelas pessoas afrontosamente humanas, desfilando, expondo-se sem vergonha.[221]

Otávio bevorzugt ein ‚einfaches' und ungestörtes Leben und wünscht sich eine Frau, die Seite an Seite, aber nicht ‚tatsächlich' mit ihm zusammen lebt. Deswegen zieht er Lídia vor – die während seiner Abwesenheit auch in einer passiven Form auf ihn wartet („Sabia que era inútil

---

220 Lispector: *Perto do Coração Selvagem*, S. 117.
221 Ibid., S. 121.

resolver sobre o próprio destino"[222]) –, deren moderate Anmut und Persönlichkeit ihn nicht verwirren.
In der Zeit, in der Joana mit Otávio lebt, lernt sie was es bedeutet, mit Maß zu fühlen, zu leben und zu sein.

6.1.3. O Homem

Das entstehende Dreieck vervollständigt die dritte männliche Person, die im Roman als ‚o homem' in Erscheinung tritt – als ‚der Mann'. So wie der Lehrer hat auch er keinen Namen, und es stellt sich ebenso die Frage, ob er Joanas Vorstellung entspringt oder real ist.
Nach der Trennung von Otávio verlässt Joana das Haus und begibt sich auf einen langen Spaziergang, abseits von ihr bekannten Pfaden. Plötzlich entdeckt sie eine Hütte, und deren Besitzer scheint auf sie gewartet zu haben. In diesem Moment werden in Joana Reminiszenzen wach – bereits während ihrer Ehe mit Otávio war ihr dieser Mann erschienen: „Sim... e também vira, rapidamente como um carro silencioso em disparada, aquele homem que ela encontrava às vezes na rua... aquele homem que a fitava mudo, magro e afiado como uma faca."[223]
Joana wird seine Geliebte. Zum ersten Mal gelingt es ihr, sich durch Gespräche freier zu fühlen und sie fühlt Wohlgefallen dabei, ihre Gedanken mit einer anderen Person zu teilen. Es handelt sich dabei nicht um das Teilen persönlicher Geschichten, die aus dem ‚wahren' Leben gegriffen sind, sondern um ein unwillkürliches Auskosten der Sprache und der Wörter sowie um eine neue Art zu erzählen. Mit ihm lernt Joana, exzessiv zu spüren, zu leben und zu sein. Sie kreiert überdies Neologismen und emanzipiert sich dadurch:[224]

> Ela contara-lhe certa vez que em pequena podia brincar uma tarde inteira com uma palavra. Ele pedia-lhe então para inventar novas. Nunca ela o queria tanto como nesses momentos.
> — Diga de novo o que é Lalande — implorou a Joana.
> — É como lágrimas de anjo. Sabe o que é lágrimas de anjo? Uma espécie de narcisinho, qualquer brisa inclina ele de um lado para outro. Lalande é também mar de madrugada, quando nenhum olhar ainda viu a praia, quando o sol não nasceu. Toda a vez que eu disser: Lalande, você deve sentir a viração fresca e salgada do mar, deve andar ao longo da praia ainda escurecida, devagar, nu. Em breve você sentirá Lalande... Pode crer em mim, eu sou uma das pessoas que mais conhecem o mar.[225]

Ein weiterer, kaum von der Hand zu weisender Teilaspekt des Neologismus ‚Lalande' ergibt sich im Hinblick auf den ähnlichen Klang von Jacques Lacans Terminus ‚lalangue': Lacan

---

222 Lispector: *Perto do Coração Selvagem*, S. 88.
223 Ibid., S. 136.
224 Cf. Scharold, Irmgard: *Epiphanie, Tierbild, Metamorphose, Passion und Eucharistie. Zur Kodierung des «Anderen» in den Werken von Robert Musil, Clarice Lispector und J. M. G. Le Clézio.* Heidelberg: Universitätsverlag C. Winter 2000, S. 180.
225 Lispector: *Perto do Coração Selvagem*, S. 169f.

bezeichnet mit ‚lalangue' jene nicht-kommunikativen Aspekte der Sprache, die durch das Spiel der Mehrdeutigkeit und Homofonie Anlass zu einer Art Genießen (,jouissance') geben.[226] Diese Definition lässt sich in der Wirkung bzw. Funktion von ‚Lalande' erkennen: Joana verfügt über das ‚wortlose Wissen' dieses Hochgefühls und kennt dessen Spielregeln, während der Andere, in diesem Fall der Mann, sich nur passiv daran beteiligen kann. In diesem Sinne konstatiert Lacan in *Das Seminar von Jacques Lacan*:[227] „[...] Aber das Unbewußte ist ein Wissen, ein savoir-faire mit lalangue. Und das, was man zu tun weiß mit lalangue, geht um vieles über das hinaus, wovon man Rechenschaft geben kann im Namen der Sprache."[228]

In Bezug auf die berufliche Tätigkeit des Mannes wird im Roman nichts Eindeutiges gesagt, aber das Bild eines Schiffes in seinem Haus – ein Seemann-Motiv – lässt Spekulationen aufkommen: „Pelos olhos semi-cerrados o navio flutuava torto no quadro, as coisas do quarto espichavam-se, luminosas [...]"[229]

Vor dem Hintergrund dieser Abbildung bittet er Joana auch darum, ihm vom Seefahrer zu erzählen:

— Conte aquilo... — disse-lhe o homem.
— O quê?
— Do marinheiro. Se amares um marinheiro terás amado o mundo inteiro.[230]

Es ist der Mann, der Joana mutmaßlich dazu inspiriert, sich am Ende des Romans auf eine Schiffsreise zu begeben, deren Ziel offen bleibt. Gleichwohl hat das Meer für Joana bereits als Kind ein weitläufiges Geheimnis symbolisiert, das es zu entschlüsseln gilt.

Doch hinter dem Fortgang und der Distanzierung vom Mann steckt noch ein weiterer Grund: Es gibt eine Frau, die bereits bei der Ankunft Joanas das Haus mit dem Mann geteilt hat: Für Joana ist in dieser Konstellation als Dritte auf die Dauer kein Platz vorgesehen.

---

226 Cf. Rolf, Eckard: *Sprachtheorien: Von Saussure bis Millikan*. Berlin [u. a.]: de Gruyter 2008, S. 189.
227 Lacan, Jacques: *Das Seminar von Jacques Lacan. Buch XX (1972–1973)*. Berlin: Encore 1991.
228 Zitiert nach: Rolf, Eckard: *Sprachtheorien: Von Saussure bis Millikan*. Berlin [u. a.]: de Gruyter 2008, S. 189.
229 Lispector: *Perto do Coração Selvagem*, S. 166.
230 Ibid., S. 167.

6.2. Das Dreieck bei Lispector – Ein intertextuelles Figurenmuster

Como nasceu um triângulo? antes em ideia? ou esta veio depois de executada a forma? um triângulo nasceria fatalmente? as coisas eram ricas.[231]

Die in den vorangegangenen Kapiteln beschriebenen Männer, die mit Joana in Beziehung stehen, lassen sich, wie die Heteronyme Pessoas, in die Figur eines Dreiecks einbetten. Daraus resultiert ein intertextuelles Figurenmuster: Da sie ebenfalls ein ausgeprägt archetypisches und vor allem ähnliches Wesen aufweisen, konnten die Namen der Heteronyme mit jenen der Männer ersetzt werden. Das Ergebnis visualisiert, wie sehr Joanas Position in der Mitte des Dreiecks jener von Pessoa ähnlich kommt:

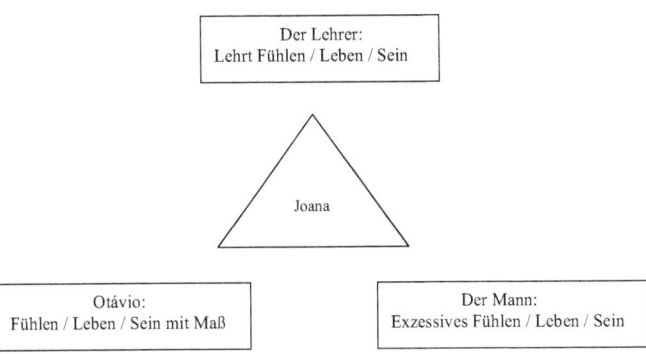

Abb. 4: Das Dreieck bei Joana

Diese Konstellation, die auf den Verbindungslinien zwischen Pessoa und den drei Heteronymen basiert, steht exemplarisch für den Selbstdefinitionsprozess Joanas und für die Erzähldynamik des Romans.
Schließlich nimmt sie jede von den drei verfügbaren Positionen einmal ein, identifiziert sich damit, beziehungsweise akzeptiert sie – im Sinne, dass sie eine potenzielle Einstellung und Lebensansicht repräsentieren –, um sie gleichzeitig negieren zu können. Sie verharrt nicht in einer der Ecken, weil sie spürt, dass sie erst durch das Verlassen dieser fixen Position die Entscheidung treffen kann, ihrem Leben eine neue Facette hinzuzufügen. Erst dadurch gelangt sie in die Mitte des Dreiecks, in der sie alles und nichts ist – und: Sie kommt somit dem nicht errechenbaren Ursprung ‚nahe dem wilden Herzen'[232] näher.
Sie stellt auch für sich selbst fest:

---

231 Lispector: *Perto do Coração Selvagem*, S. 172.
232 „He was alone. He was unheeded, happy and near to the wild heart of life", vid. Joyce, James. *A Portrait of the Artist as a Young Man*. London: Penguin 1996: S. 195.

Mal posso acreditar que tenho limites, que sou recortada e definida. Sinto-me espalhada no ar, pensando dentro das criaturas, vivendo nas coisas além de mim mesma. Quando me surpreendo ao espelho não me assusto porque me ache feia ou bonita. É que me descubro de outra qualidade."[233]

Diese Dynamik, oder „o jogo de identidades intercambiáveis",[234] wie Benedito Nunes es artikuliert, könnte theoretisch bis ins Unendliche fortgeführt werden, so, wie es Pessoa auch mit der Erschaffung vieler weiterer Semi-Heteronyme versucht hat. Der Grunddialog beschränkt sich jedoch auf das ‚Drama em Gente', einmal mit Caeiro, Reis und Campos, ein anderes Mal mit dem Lehrer, Otávio und dem Mann.

Der Lehrer verkörpert eine Person, deren Ratschläge sich auf das unmittelbare Leben und auf die Sinne beziehen. Durch seine Erschaffung nimmt dieser die Position des Meisters Caeiro ein. Auch für ihn gilt als Credo: „A substituição dos pensamentos pelas sensações é uma operação de abertura ao real, ao mundo exterior."[235] Schließlich lässt sich bei Joana erkennen, wie verändert sie durch ihn die Umwelt und alles, was das ‚Außen' mit einschließt, wahrnimmt und ‚absorbiert'.

Otávio ersetzt in seinem maßgeschneiderten Dasein Ricardo Reis. Er lebt ebenfalls nicht nach dem Motto des Carpe diem, sondern genießt das abgekapselte Leben, in dem es die kleinen Rituale sind, die ihn stützen. Der kleine Bereich seiner Existenz, den er bereit ist zu teilen, ist auch von rigorosen Regeln bestimmt, die Joana hemmen – sie fühlt sich in seiner Anwesenheit wie gelähmt: „Um novo fluxo de dor e de vida cresceu, inundou-a, com a angústia da prisão."[236]

Und mit dem Mann ohne Namen trifft Joana auf einen Menschen, der, in seiner Ähnlichkeit mit Álvaro de Campos, ihr die Zügellosigkeit vermittelt. Sie fängt an, das Fieber in Form von Worten, zu veräußerlichen: „Quando ela falava, inventava doida, doida!"[237]

---

233 Lispector: *Perto do Coração Selvagem*, S. 67.
234 Nunes: „Clarice Lispector ou o Naufrágio da Introspecção", S. 18.
235 Martins: „A Noção das Coisas", S. 284.
236 Lispector: *Perto do Coração Selvagem*, S. 136.
237 Ibid. S. 170.

6.3. Architextuelle Verbindungen

Könnte auf irgendeine Weise bewiesen werden, dass Lispector sich konkret mit dem Phänomen der Heteronymie und dem Œuvre Pessoas auseinandergesetzt hat oder dass sie es sich an einer Stelle zur Aufgabe gemacht hat, sein Werk zu kommentieren, fiele eine klare intertextuelle Analyse von *Perto do Coração Selvagem* im Sinne Gérard Genettes einfacher aus. Dann würde die Präsupposition den Ausgangspunkt bilden und die Intertextualität könnte auf der Ebene der Anspielung[238] eruiert werden.

Die kurze Erwähnung Pessoas in den *Crónicas* (*Fernando Pessoa me Ajudando*, vid. Kapitel *Clarice Lispectors Positionierung in der Moderne*) bezieht sich jedoch lediglich auf ihre Situation als Verfasserin von Chroniken. Ein kurzer Blick auf eines seiner Gedichte hat sie dazu bewegt, sich in diesem Kurzessay mit der Wahrung der eigenen Identität auseinanderzusetzen.

Insofern kann, mit den Worten Genettes, hier auch nicht eine hypertextuelle Beziehung[239] zwischen *Perto do Coração Selvagem* und den Heteronymen Pessoas definiert werden, denn der Hypertext in Form des Romans wurde weder ex- noch implizit vom Hypotext – die Konstellation und die Dichtung der Heteronyme – deriviert.

Dennoch ist es legitim, die intertextuelle Analyse auf einer anderen, neuen Ebene durchzuführen, indem hiermit die architextuellen Merkmale[240] von *Perto do Coração Selvagem* exzerpiert werden.

Wie bereits erwähnt wurde, besteht die Architextualität eines Textes, laut Genette, in seiner taxonomischen Zugehörigkeit zu bestimmten Gattungen, Textsorten oder Schreibweisen und ist deswegen der abstrakteste und impliziteste Typus.

In diesem Sinn soll auf jenes Spezifikum eingegangen werden, das Ano Ring wie folgt treffend formuliert:

> Die Romanfiguren erleben das Scheitern einer vorgegebenen und konventionellen, als abgenutzt und verlogen empfundenen Sprache, die nicht zu Verständnis und Verständigung beitragen kann und damit ihrer emanzipatorischen Funktion nicht gerecht wird. Diese Erfahrung führt die handelnden Personen zu Neuschöpfungen oder zur – zumindest zeitweiligen – Aufgabe der „Sprache der anderen", die als eine Ursache der tief empfundenen Entfremdung verstanden wird.[241]

Die zitierte Verwendung der „Sprache der anderen" ist etwas, das Joana den ganzen Roman über auszeichnet. Sie assimiliert sich im Zusammenleben mit den drei Männern an deren Ausdrucksweise, um sich daraufhin wieder davon zu distanzieren. Und diese Nachahmung, die sich in diesem Fall auf die Schreibweisen der Heteronyme bezieht, lässt sich in vielen Passagen feststellen.

---

238 Genette: *Palimpseste*, S. 10.
239 Ibid.: S. 14f.
240 Ibid.: S. 13f.
241 Ring: „Clarice Lispector – Weibliche Impulse für die zeitgenössische brasilianische Prosa", S. 138.

Dementsprechend findet eine graduelle ‚Verschiebung' der Perzeption statt, die es Pessoa und Lispector erlaubt, über ihre ‚fiktiven Erzähler der Welt' das eigene und das literarische Universum zu erforschen, zu erweitern und fortzuführen.

In Zusammenhang mit der Gattungszuordnung der Heteronyme beziehungsweise der drei männlichen Protagonisten in *PdCS* ist das aktivierende Attribut dieser Polyfonie zu nennen, das den Dialog zwischen Annäherung und Distanzierung aufrechterhält. Michail Bachtin stellt in diesem Sinne fest:

> Diese Besonderheit, diese Distanzierung des fiktiven Autors oder Erzählers vom tatsächlichen Autor und vom „normalen" literarischen Horizont kann unterschiedlich deutlich und strukturell verschieden ausfallen. In jedem Fall werden dieser besondere fremde Horizont, dieser besondere fremde Standpunkt zur Welt vom Autor wegen ihrer Produktivität bevorzugt, weil sie einerseits den Gegenstand der Abbildung in ein neues Licht stellen (in ihm neue Aspekte und Momente entdecken), andrerseits den „normalen" literarischen Horizont, vor dem die Besonderheiten der Erzählweise des Erzählers rezipiert werden, in neuer Weise ausleuchten.[242]

Dementsprechend zutreffend ist auch die folgende Aussage Bachtins bezüglich der Absicht des Schriftstellers, sich eine ‚fremde' Sprache anzueignen:

> Der Autor ist nicht in der Sprache des Erzählers […] zu finden, sondern er gebraucht die eine oder andere Sprache, um seine Intentionen keiner von ihnen gänzlich auszuliefern; er benutzt diesen Wechselruf, diesen Dialog der Sprachen in jedem Moment seines Werkes, um selbst sprachlich gleichsam neutral, Dritter im Zwiestreit zu bleiben (wenngleich vielleicht ein parteiischer Dritter).[243]

Um einen ersten Eindruck davon zu bekommen, wurde für einen Überblick folgende Tabelle erstellt:

---

242 Bachtin, Michail M.: *Die Ästhetik des Wortes*, hrsg. v. Rainer Grübel, Frankfurt a. M.: Suhrkamp 1997, S. 202.
243 Ibid., S. 204.

I.	II.	III.	IIIc.	IIb.	Ia.
P E S S O A	Alberto Caeiro	Há metafísica bastante em não pensar em nada. O que penso eu do mundo? Sei lá o que penso do mundo! / Se eu adoecesse pensaria nisso. (Martins/Zenith 2004: S. 29)	Nunca sofra por não ter opiniões em relação a vários assuntos. Nunca sofra por não ser uma coisa ou por sê-la. (Lispector 2000: S. 54f.)	Professor	L I S P E C T O R
	Ricardo Reis	As rosas amo dos jardins de Adónis, Essas volucres amo, Lydia, rosas, Que em o dia em que nascem, Em esse dia morrem. A luz para ellas é eterna, porque Nascem nascido já o sol, e acabam Antes que Apollo deixe O seu curso visível. Assim façamos nossa vida um dia, Inscientes, Lydia, voluntariamente Que ha noite antes e após Do pouco que durâmos. (Duarte 1994: S. 141)	Música pura desenvolvendo-se numa terra sem homens, sonhava Otávio. Movimentos ainda sem adjetivos. Inconscientes como a vida primitiva que pulsa nas árvores cegas e surdas, nos pequenos insetos que nascem, voam, morrem e renascem sem testemunhas. Enquanto a música volteia e se desenvolve, vivem a madrugada, o dia forte, a noite, com uma nota constante na sinfonia, a da transformação. É a música sem apoio em coisas, em espaço ou tempo, da mesma cor que a vida e a morte. Vida e morte em ideias, isoladas do prazer e da dor. Tão distantes das qualidades humanas que poderiam se confundir com o silêncio. (Lispector 2000: S. 83)	Otávio	
	Álvaro de Campos	Mas eu, em cuja alma se reflectem / As fôrças tôdas do universo, Em cuja reflexão emotiva e sacudida / Minuto a minuto, emoção a emoção, Coisas antagónicas e absurdas se sucedem – Eu o foco inútil de tôdas as realidades, / Eu o fantasma nascido de tôdas as sensações, / Eu o abstracto, eu o projectado no *écran,* Eu a mulher legítima e triste do Conjunto, / Eu sofro ser eu através disto tudo como ter sêde sem ser de água. (Berardinelli 1990: S. 325)	Apertou os lábios. Parecia-lhe que misteriosamente havia lógica em ter experimentado certas torturas, as serenas baixezas, a falta despreocupada de caminho […]. Não o que o tivessem alguma vez impelido para a lama e contra seu desejo, não que se julgasse um mártir. Jamais aguardara solução. […] Ele caminhara sobre seus próprios pés, o corpo consciente, experimentando e sofrendo sem ternura para consigo mesmo, tudo concedendo friamente, ingenuamente à sua curiosidade. (Lispector 2000: 163f.)	Homem	

Architextualität

Die römischen Zahlen markieren die Stufen der Entfremdung beziehungsweise Abstraktion. Pessoa nimmt durch die Heteronyme Abstand von dem, was sie mit ihrem sprachlichen Stil zum Ausdruck bringen. Dies ermöglicht ihm gleichzeitig zweierlei Dinge: Erstens erhält er durch deren Erschaffung den Einblick in ein Sein, das nicht dem seinem gleichkommt, und damit legitimieren sie ein ephemeres Erleben jener Formen, die zwar einen Teil von ihm ausmachen, er aber nicht kontrollieren kann – es sei denn, er bezeichnet sie. Genau aus der Benennung ‚des Fremden' heraus lässt sich das Verlangen deduzieren, einen Überblick über eine potenzielle Anordnung des sprachlichen Ausdrucks, der Worte, zu erhalten.

Die Heteronyme wiederum stellen eine Reduzierung im Sinne einer auf ihren Ursprung nicht immer nachvollziehbaren Gattung dar – sie greifen im Endeffekt auf eine archetypische Ausdrucksweise zurück, die in der gesamten Zeit literarischen Schaffens und innerhalb dieser Verstreutheit immer wieder aufzufinden ist. So verweisen die Personae der Heteronyme darauf, dass der Mensch stumm und in ein bereits vorhandenes Echo der Worte hineingeboren wird und dass dieser Ton – im Gegensatz zu den Sterblichen – fortwährend ist. Demnach ist es kaum realisierbar, das Aufkommen von bukolischer Ästhetik mit ihren Ideen und Werten, wie Alberto Caeiro sie praktiziert, auf einen konkreten Zeitraum einzugrenzen. Sie wird grundsätzlich als literarisches Genre klassifiziert, in der die ländliche Einsamkeit und Ruhe abseits des Großstadtlebens gepriesen wird. Doch die Aussagekraft und Form dieser Lyrik sind Ausdruck eines ewig gültigen Musters, das eine spezifische Facette der Welt abbildet.

Ebenso verhält es sich mit der Imitation antiker Dichtkunst, wie im Fall von Ricardo Reis, oder dem futuristisch-modernen Stil von Álvaro de Campos.

Der Trennungsstrich in der Mitte der Tabelle ist nicht als Grenze zu verstehen, sondern als Linie, an der ein Spiegel angesetzt werden kann, um die Reflexion dieser Abstufungen in ihrer vielfältigen Ausstrahlung in eine andere Richtung erkennen zu können.

Auf diese Weise führt der gleiche Weg, nur in verkehrter Richtung, auf die Seite von Clarice Lispector.

Und so, wie die Tabelle einen zusammengesetzten Korpus darstellt und nicht einzelne Teile, ist der dargestellte Zyklus als ein fließender anzusehen, der durch die Vielseitigkeit der Sprache zusammengehalten wird.

6.4. Intertextuelle Spiegelungen

Lispector hat mit Joana eine Figur erschaffen, die sie auf dem Weg, ihre eigene Sprache und ihren individuellen Ausdruck zu kreieren, erst in viele verschiedene Richtungen ausstrahlen lässt. Einzelne Teilchen der Reflexion behält sie daraufhin inne, andere sind wegweisend.
Im Sinne von Benedito Nunes, der in seinem Essay *Clarice Lispector ou o Naufrágio da Introspecção* die Protagonistinnen der Romane *A Paixão Segundo G.H.*, *A Hora da Estrela* und *Um Sopro de Vida* als Heteronyme Lispectors bezeichnet, sind auch die drei Männer aus *Perto do Coração Selvagem* als solche anzusehen. Somit verfließen die Positionen Joanas und Lispectors in diesem letzten Schritt und bilden eine eigene Instanz. Der Lehrer, Otávio und der Mann sind nicht nur für Joana maßgebliche Faktoren für die Herausbildung einer Multiperspektivität. Auch Lispector ebnet sich als deren Schöpferin einen weit verzweigten Weg und schlägt dabei Richtungen ein, die gleichsam analog zu jenen von Pessoa verlaufen.
Den Textstellen, die in der Tabelle enthalten sind, werden nun weitere hinzugefügt, um die gewonnene Erkenntnis zu vertiefen. Sie sind jeweils einem anderen Lebensabschnitt Joanas entnommen.
In der Zeit, in der Joana sich als Jugendliche Ratschläge von ihrem Lehrer holt, spiegelt sich oft dessen Sensacionismo in ihr wider, der auch so maßgebend für Alberto Caeiro ist:

> Fechou os olhos, vagarosamente foi descansando. Quando os abriu recebeu um pequeno choque. E durante longos e profundos segundos soube que aquele trecho de vida era uma mistura do que já vivera com o que ainda viveria, tudo fundido e eterno. Estranho, estranho. A luz alaranjada das 9 horas, aquela impressão de intervalo, um piano longínquo insistindo nas notas agudas, seu coração o batendo apressado de encontro ao calor da manhã e, através de tudo, feroz, ameaçador, o silêncio latejando grosso e impalpável. Tudo desvaneceu-se. O piano interrompeu a insistência nas últimas notas e após um instante de repouso retomou docemente alguns sons do meio, em melodia nítida e fácil. E em breve ela não saberia dizer se a impressão da manhã fora verdadeira ou se apenas uma idéia. Deteve-se atenta para reconhecê-la...[244]

Auch Otávio übt einen Einfluss auf Joanas Perzeption aus. Sie übernimmt beispielsweise bei einem Besuch Lídias, die sie aus Neugier besucht, dessen Sicht der Welt. Plötzlich scheint sich nichts mehr in sich verwirrenden und unkontrollierbaren Bahnen zu verlaufen, sondern sie verharrt, wie Ricardo Reis, um Lídia in ihren Gedanken zu evozieren, die wiederum in ihrer Ruhe die Vergänglichkeit der Welt verkörpert:

> Os olhos abertos de Lídia eram sem sombras. Que mulher bela. Os lábios cheios mas pacíficos, sem estremecimentos, como de alguém que não tem receio do prazer, que o recebe sem remorsos. Que poesia seria a base de sua vida? Que diria aquele murmúrio que ela adivinhava no interior de Lídia?[245]

---

244   Lispector: *Perto do Coração Selvagem*, S. 79f.
245   Ibid., S. 141.

A poesia de Lídia: só este silêncio é minha prece, Senhor, e não sei dizer mais; sou tão feliz em sentir que me calo para sentir mais; foi em silêncio que nasceu em mim uma teia de aranha tenra e leve: esta suave incompreensão da vida que me permite viver. Ou era tudo mentira?[246]

Im vorletzten Kapitel, in dem sich Joana von dem Mann ohne Namen verabschiedet, begibt sie sich auf die viel erwähnte Reise – auf das Meer –, deren Ziel nicht verraten wird. Mit diesem Entschluss entwickelt sie eine eigene Vorstellung davon, wie sie ihren eigenen Weg fortführen will. Innerhalb dieses emanzipatorischen Prozesses werden in ihr jene Energien und Kräfte freigelassen, die sie während ihrer Jugend- und Ehejahre immer gut verschlossen in eine innere (Herz-)Zelle sperren musste. In ihrem wuchtigen Monolog, mit dem der Roman endet, ist sie wie ein Álvaro de Campos, der an einem Steg steht und es trotzdem vermag, die ganze Welt in einem einzigen Augenblick zu spüren:

> [...] eu serei forte como a alma de um animal e quando eu falar serão palavras não pensadas e lentas, não levemente sentidas, não cheias de vontade de humanidade, não o passado corroendo o futuro! o que eu disser soará fatal e inteiro! não haverá nenhum espaço dentro de mim para eu saber que existe o tempo, os homens, as dimensões, não haverá nenhum espaço dentro de mim para notar sequer que estarei criando instante por instante, não instante por instante: sempre fundido, porque então viverei, só então viverei maior do que na infância, serei brutal e malfeita como uma pedra, serei leve e vaga como o que se sente e não se entende, me ultrapassei em ondas, ah, Deus, e que tudo venha e caia sobre mim, até a incompreensão de mim mesma em certos momentos brancos porque basta me cumprir e então nada impedirá meu caminho até a morte-sem-medo, de qualquer luta ou descanso me levantarei forte e bela como um cavalo novo.[247]

---

246   Lispector: *Perto do Coração Selvagem*, S. 151.
247   Ibid. S. 202

7. Schlussbetrachtung

Aus der Positionierung von Clarice Lispectors Œuvre in der brasilianischen Moderne und der Darlegung differenter Diskurse, in das es indessen miteinbezogen wurde, konnten mehrere Erkenntnisse gewonnen werden:

Zum ersten veranschaulicht das Interesse seitens der Leserschaft und der Kritiker/-innen, welches mit der Publikation von Lispectors *Perto do Coração Selvagem* eingeleitet und in der zweiten Rezeptionsphase verstärkt wurde, die Einzigartigkeit ihres Stils und ihrer Topoi. Dennoch ist es ironischerweise die Skepsis gegenüber ihrer fremdartig anmutenden und unbefangenen Sprache sowie ihrer narratologisch-diskursiven Konzepte – mit der Lispector ebenso konfrontiert wurde –, die die Intention dieser Arbeit im Endeffekt treffender formuliert. Schließlich ist es die Alienation, die sich phasenweise in den Introspektionen der Protagonistinnen und Protagonisten, aber auch in der Erzählinstanz manifestiert, die sich als zentrales Element dieser Arbeit herauskristallisiert hat. Sich an die Fremdheit als Bestimmung – das wesentliche Thema Lispectors – anhand der Intertextualität anzunähern, wurde bis zum heutigen Stand der Dinge jedoch nur sehr bedingter Weise versucht. Dabei stellt der intertextuelle Ansatz – sei es im Sinne der Polyfonie Michail Bachtins, Julia Kristevas Konzept der Absorption und Transformation oder Gérard Genettes Systematisierung von möglichen Referenzstufen – eine Möglichkeit dar, die narrativen Bausteine zu segmentieren, um divergente Motive und Stile, hier aber vor allem die Mehrstimmigkeit und Fremdheit, feststellen zu können. Dies kann auch in einem möglichen weiteren Schritt auch auf Lispectors ‚fremde' Körperlichkeit und Ideen bezogen werden.

Des Weiteren konzentrieren sich die einzelnen Studien überwiegend auf Lispectors Spätwerk. Zu *A Paixão Segundo G. H.* erschien beispielsweise eine kritische Ausgabe,[248] die den Roman durch beigefügte Essays in einen diskursiven Zusammenhang bringt. Auch *Água Viva*, *A Hora da Estrela* und *Um Sopro de Vida* wurden im Vergleich zu *Perto do Coração Selvagem* einnehmend zum Thema wissenschaftlicher Studien.

Dies könnte daran liegen, dass sich zwischen dem Erscheinen von Lispectors Romanen längere Zeitspannen befinden. Benedito Nunes' Aussage (Vid. Kapitel *Lispectors Positionierung in der brasilianischen Moderne*) lässt sich durchaus bestätigen: Mit *Laços de Família* wurde augenscheinlich eine zweite Rezeptionsphase eingeleitet, und die dritte befasst sich mit dem posthum publizierten Werk. Doch die Periode, in der für Lispector ihre Karriere als Schriftstellerin begann, scheint gewissermaßen in Vergessenheit geraten zu sein und damit auch die Besonderheit ihres Erstlingswerks. Es lässt sich zwar beobachten, dass *Perto do Coração Selvagem* oft als Referenzpunkt mit ein paar Eckdaten erwähnt wird, aber kaum jemand erhebt diesen Roman zum Sujet einer wissenschaftlichen Auseinandersetzung.

Dabei verfügt *Perto do Coração Selvagem* bereits über all jene Eigenschaften, die Lispector danach in diversen Variationen fortentwickelt, umgestaltet oder – mitunter – wiederholt. Nunes ist auch einem bestimmten, repetitiven Muster gefolgt – sozusagen den Heteronymisierungsstrategien, die von Pessoa bekannt sind –, um in seinem Essay *Clarice Lispector ou o*

---

248 Lispector, Clarice: *A Paixão Segundo G. H. Edição Crítica*, hrsg. v. Benedito Nunes, Paris: Association Archives de la littérature latino-américaine, des Caraïbes et africaine du XXe siècle 1988.

Naufrágio da Introspecção[249] zu konstatieren, dass die weiblichen Schlüsselfiguren in ihrem Spätwerk wie Heteronyme fungieren. Dennoch schreibt er ihnen keine konkrete Stellung zu, sondern sieht sie eher als austauschbare Einheiten, die durch das Kentern in der Introspektion ihr Ich verlieren und somit auch ihre fiktive Identität.

Das Herausfiltern der Dreiecksbeziehungen bei Joana in Lispectors Erstlingsroman war für die vorliegende Arbeit essenziell. Sie leiten auf ein wesentliches Merkmal hin: In ihrer unausgeglichenen Konstellation bedeuten sie doch Motivation, ein aktives Attribut – und kein Scheitern. Das Heteronym-Dreieck exemplifiziert zwar nur eine Mikrostruktur Pessoas' vervielfältigten Lebens, dennoch besitzt es das Potenzial, auf einer Makroebene zu funktionieren. Zum einen zeigt es eine Situation auf, in der das Individuum gelenkt wird zu agieren, zum anderen steckt dahinter auch ein Durst, sich immer weiter zu erfinden, mehr zu sein und gleichzeitig niemand – ein Paradoxon der Moderne und wie es Luigi Pirandello treffend formuliert: „Uno, nessuno e centomila".[250] Lispector wie Pessoa setzten sich auf eine konstruktive Weise mit einem primordialen Verlangen des künstlerischen sowie künstlichen Subjekts auseinander, deren Verzweigungen weitreichend sind.

Die intertextuelle Auseinandersetzung mit der Polyfonie von *Perto do Coração Selvagem* hat – zusätzlich zur Etablierung eines intertextuellen Figurenmusters – überdies aufgezeigt, welche Dynamiken sich in der Narration, in der Wahl der Motive und im Ausdruck der Mehrstimmigkeit entwickeln. Anhand der Analyse auf der architextuellen Ebene konnten nicht nur emanzipatorische Facetten der Figur Joana extrahiert werden. Sie veranschaulichte auch den reziproken Prozess von innen und außen – der für Pessoa essenziell war – sowie die modernen Aspekte des – postmodernen – Romans an sich.

Dieser erste Schritt, der im Sinne eines intertextuellen Dialogs steht, kann somit fortgeführt werden.

Denn diesen Punkten, an denen sich der portugiesische Autor und die brasilianische Autorin treffen, sind noch viele weitere zuzufügen, weswegen eine eingehende Beschäftigung dieser Verbindung – auch im Sinne der Lusophonie – unerlässlich ist.

Zudem wurde im Kapitel *Kritikspiegel* darauf aufmerksam gemacht, dass nicht nur ein profundes In-Verhältnis-Setzen von Lispectors Werk und ihren brasilianischen Zeitgenossinnen und -genossen ausständig ist – es fehlt auch jenes im Rahmen der weiteren Lusophonie. Im Zusammenhang mit der brasilianischen Geschichte und der Entwicklung verschiedener Tendenzen innerhalb der Literatur kann die Vermutung aufgestellt werden, dass das emanzipatorische Ablösen von den künstlerischen Vorgaben Europas in den 1920er-Jahren und den darauffolgenden, regionalen Schwerpunkten unter anderem dazu geführt hat, den Blick in Richtung Portugal gravierend einzuschränken. Diese Annahme impliziert nicht, Brasilien hätte sich hermetisiert. Ganz im Gegenteil: Es waren unzählige international renommierte Künstler/-innen – von Virigina Woolf bis Katherine Mansfield – mit denen Lispector von Anfang an verglichen wurde. Das Kuriose daran ist nun, wie ausschweifend der Blick der Kritiker/-innen war und ist und wie er es dennoch nicht vermag, sich auf Brasilien oder die Lusophonie zu richten.

---

249   Nunes, Benedito: „Clarice Lispector ou o Naufrágio da Introspecção", in: *Colóquio Letras (Nr. 70)*, Lisboa: Fundação Calouste Gulbenkian 1982, S. 13–22.
250   Zit. nach: Schmitz-Emans, Monika: „Pirandello und Pessoa als Revenants. Antonio Tabucchis intertextuelle Gespenster", in: *Zentrum und Peripherie: Pirandello zwischen Sizilien, Italien und Europa*, hrsg. v. Thomas Klinkert/Michael Rössner, Berlin: Erich Schmidt Verlag 2006, S. 173–197, hier S. 184.

Zusammenfassend lässt sich sagen, dass der hier gelegte Grundstein als Ausgangspunkt anzusehen ist, um weitere Ebenen zu erforschen, die nicht nur *Perto do Coração Selvagem* kennzeichnen, sondern, wie Nádia Battella Gotlib und Benedito Nunes es für das Spätwerk Lispectors erkannt haben, auch das ganze Œuvre betreffen. Lispector hat sich die eigene und die Polyfonie ihrer Protagonstinnen zunutze gemacht, um sich, vergleichbar mit Pessoa, in einem Spiel der Selbstreferenzialität graduell von sich zu entfremden und gleichzeitig selbst zu nähern.

8. Bibliografie

8.1. Primärliteratur

Caeiro, Alberto: *Alberto Caeiro. Poesia*, hrsg. v. Fernando Cabral Martins/Richard Zenith, Lisboa: Assírio e Alvim 2004.

Campos, Álvaro de: *Edição Crítica de Fernando Pessoa. Volume II. Poemas de Álvaro de Campos*, hrsg. v. Cleonice Berardinelli, Lisboa: Imprensa Nacional Casa da Moeda 1990.

Hesse, Hermann: *Der Steppenwolf*. Frankfurt a. M.: Suhrkamp 2007.

Lispector, Clarice: *A Descoberta do Mundo*. Rio de Janeiro: Nova Fronteira 1984.

Lispector, Clarice: *Nahe dem wilden Herzen. Aus dem brasilianischen Portugiesisch von Ray-Güde Mertin*. Frankfurt a. M.: Suhrkamp 1987.

Lispector, Clarice: *A Paixão Segundo G. H. – Edição Crítica*, hrsg. v. Benedito Nunes, Paris: Association Archives de la littérature latino-américaine, des Caraïbes et africaine du XXe siècle 1988.

Lispector, Clarice: *A Hora da Estrela*. Rio de Janeiro: Rocco 1998.

Lispector, Clarice: *Perto do Coração Selvagem*. Lisboa: Relógio D'Água 2000.

Lispector, Clarice: *Correio Feminino*, hrsg. v. Aparecida Maria Nunes, Rio de Janeiro: Rocco 2006.

Pessoa, Fernando: *Antologia Poética*, hrsg. v. Isabel Pascoal, Lisboa: Ulisseia 1992.

Pessoa, Fernando: „A Génese dos Heterónimos. (De uma Carta a Adolfo Casais Monteiro)", in: *O Rosto e as Máscaras*, hrsg. v. David Mourão-Ferreira, Lisboa: Edições Ática 1976.

Pessoa, Fernando: *Páginas Íntimas e de Auto-Interpretação,* hrsg. v. Jacinto Prado Coelho/Georg Rudolf Lind, Lisboa: Edições Ática 1966.

Reis, Ricardo: *Poemas de Ricardo Reis – Volume III*, hrsg. v. Luíz Fagundes Duarte, Lisboa: Imprensa Nacional Casa da Moeda 1994.

8.2. Sekundärliteratur

Al-Behy Kanaan, Dany: *À Escuta de Clarice Lispector. Entre o Biográfico e o Literário: Uma Ficção Possível.* São Paulo: Limiar 2003.

Andermatt Conley, Verena: *Hélène Cixous: Writing the Feminine.* University of Nebraska Press 1984.

Andermatt Conley, Verena: „Introduction", in: *Reading with Clarice Lispector / Hélène Cixous*, hrsg. v. Verena Andermatt Conley, Minneapolis: University of Minnesota Press, 1990: S. xii.

Bachtin, Michail M.: *Die Ästhetik des Wortes*, hrsg. v. Rainer Grübel, Frankfurt a. M.: Suhrkamp 1997.

Bailey, Cristina Ferreira-Pinto: „Clarice Lispector e a Crítica", in: *Clarice Lispector. Novos Aportes Críticos*, hrsg. v. Cristina Bailey Ferreira-Pinto/Regina Zilberman, Pittsburgh: Serie Antonio Cornejo Polar 2007, S. 7–25.

Baltrusch, Burghard: *Bewusstsein und Erzählungen der Moderne im Werk Fernando Pessoas.* Frankfurt a. M. [u. a.]: Lang 1997.

Barthes, Roland: *Die Lust am Text.* Frankfurt a. M.: Suhrkamp 1974.

Barthes, Roland: „Der Tod des Autors", in: *Texte zur Theorie der Autorschaft*, hrsg. v. Fotis Jannidis/ Gerhard Lauer [u. a.], Stuttgart: Reclam 2000, S. 185–193.

Blanchot, Maurice: *Die uneingestehbare Gemeinschaft.* Berlin: Matthes & Seitz 1983.

Bondzio, Ulrike: „Körper und Verkörperungen in der Prosa Clarice Lispectors", in: *Anpassung und Dissidenz*, hrsg. v. Frankfurter Frauenschule, SFBF e.V.: Königstein im Taunus 1997, S. 69–91.

Bosi, Alfredo: *História Concisa da Literatura Brasileira.* São Paulo: Editora Cultrix, 1991.

Bußmann, Hadumod [Hrsg.]: *Lexikon der Sprachwissenschaft.* Stuttgart: A. Kröner Verlag 2000.

Candido, Antonio: „No Começo era de Fato o Verbo", in: *A Paixão Segundo G. H. Edição Crítica*, hrsg. v. Benedito Nunes, Madrid [u. a.]: Coleção Archivos 1996, p. XVII-XIX.

Cixous, Hélène: „Reaching the Point of Wheat, or a Portrait of the Artist as a Maturing Woman", in: *New Literary History, Feminist Directions*, 19/1987, S. 1–21.

Coelho, Jacinto do Prado: *Diversidade e Unidade em Fernando Pessoa*. Lisboa: Editorial Verbo 1963.

Coelho, Nelly Novaes: *A Literatura Feminina no Brasil Contemporâneo*. São Paulo: Siciliano 1993.

Crespo, Ángel: *Fernando Pessoa. Das vervielfältigte Leben. Eine Biographie.* Zürich: Ammann 1996.

Daniel, Mary L.: „Brazilian fiction from 1900 to 1945", in: *The Cambridge History of Latin American History. Brazilian Literature*, hrsg. v. Roberto González Echevarría, Cambridge: Cambridge University Press 1996, S. 157–189.

Dix, Steffen: *Heteronymie und Neopaganismus bei Fernando Pessoa*. Würzburg: Königshausen & Neumann 2005.

Ferreira, David Mourão: *O Rosto e as Máscaras*. Lisboa: Edições Ática Lisboa 1976.

Fitz, Earl E.: *Sexuality and Being in the Poststructuralist Universe of Clarice Lispector: The Différance of Desire*. Austin: University of Texas Press 2001.

Foucault, Michel: *Die Ordnung der Dinge: Eine Archäologie der Humanwissenschaften*. Frankfurt a. M.: Suhrkamp 1980.

Frank, Annette/Meidl, Martina: „Textwissenschaft", in: *Diskurs, Text, Sprache*, hrsg. v. Michael Metzeltin, Wien: Edition Praesens 2002, S. 151–192.

Frei Gerlach, Franziska. *Schrift und Geschlecht. Feministische Entwürfe und Lektüren von Marlen Haushofer, Ingeborg Bachmann und Anne Duden*. Berlin: Schmidt 1998.

Genette, Gérard: *Die Erzählung*. Paderborn: Fink 2010.

Genette, Gérard: *Palimpseste*. Frankfurt a. M.: Suhrkamp 1993.

Gledson, John: „Brazilian prose from 1940 to 1980", in: *The Cambridge History of Latin American History. Brazilian Literature*, hrsg. v. Roberto González Echevarría, Cambridge: Cambridge University Press 1996, S. 189–207.

Gotlib, Nádia Battella: *Clarice Fotobiografia*. São Paulo: Editora da Universidade de São Paulo; Imprensa Oficial do Estado de São Paulo 2008.

Gotlib, Nádia Battella: „Olhos nos Olhos. Fernando Pessoa e Clarice Lispector", in: *Remate de Males (9). Revista do Departamento de Teoria Literária*, Campinas: Universidade Estadual de Campinas 1989, S. 139–145.

Gotlib, Nádia Battella: „Um Fio de Voz: Histórias de Clarice", in: *A Paixão Segundo G. H. – Crítica e Interpretação de Clarice Lispector*, hrsg. v. Benedito Nunes, Paris: Association Archives de la littérature latino-américaine, des Caraïbes et africaine du XXe siècle 1988, S. 161–196.

Güntert, Georges: *Das fremde Ich. Fernando Pessoa*. Berlin [u. a.]: Walter de Gruyter 1971.

Hamm, Peter: „Sieger im Scheitern. Fernando Pessoa und Robert Walser, zwei entfernte Verwandte", in: *Fernando Pessoa. Algebra der Geheimnisse. Ein Lesebuch*. Frankfurt a. M.: Fischer, 1990, S. 117–140.

Ingold, Felix Philipp: „Das Geheimnis der Sphinx. Vom jüdischen Schtetl in die brasilianische Metropole – Clarice Lispectors langer Weg zu kurzfristigem Ruhm", *Neue Zürcher Zeitung* Nr. 271 (2011).

Klinger, Cornelia: „Modern/Moderne – ein irritierender Begriff", in: *Ästhetische Grundbegriffe. Historisches Wörterbuch in sieben Bänden*, hrsg. v. Karlheinz Barck/Martin Fontius/Dieter Schlenstedt, Stuttgart, Weimar: Metzler 2000, S. 121–166.

Klobucka, Anna/Sabine, Mark: „Introduction: Pessoa's Bodies", in: *Embodying Pessoa. Corporeality, Gender, Sexuality*, hrsg. v. Anna Klobucka/ Mark Sabine, Toronto: University of Toronto Press 2007, S. 3–39.

Kreutzer, Winfried: „Fernando Pessoa", in: *Lektüren für das 21. Jahrhundert*, hrsg. v. Martha Kleinhans/Klaus Stierstorfer, Würzburg: Königshausen & Neumann 2001, S. 93–119.

Kristeva, Julia: „Bachtin, das Wort, der Dialog und der Roman", in: *Texte zur Literaturtheorie der Gegenwart*, hrsg. v. Dorothee Kimmich et al, Stuttgart: Reclam 2004, S. 349–359.

Krumpel, Heinz: *Philospohie und Literatur in Lateinamerika. 20. Jahrhundert*. Frankfurt a. M.: Europäischer Verlag der Wissenschaften 2006.

Lacan, Jacques: *Das Seminar von Jacques Lacan. Buch XX (1972–1973)*. Berlin: Encore 1991.

Lind, Georg Rudolf: „Fernando Pessoa – der vervielfachte Dichter", in: *Fernando Pessoa. Algebra der Geheimnisse. Ein Lesebuch*. Frankfurt a. M.: Fischer 1990, S. 6–27.

Lourenço, Eduardo: *Fernando Pessoa Revisitado*. Lisboa: Moraes Editores 1981.

Martínez, Matías: „Dialogizität, Intertextualität, Gedächtnis", in: *Grundzüge der Literaturwissenschaft*, hrsg. v. Heinz Ludwig Arnold, München: Deutscher Taschenbuch-Verlag 2001, S. 430–445.

Martins, Fernando Cabral: „A Noção das Coisas", in: *Alberto Caeiro. Poesia*, hrsg. v. Fernando Cabral Martins/Richard Zenith, Lisboa: Assírio e Alvim 2004, S. 267–292.

Moser, Benjamin: *Why this World*. Oxford [u. a.]: Oxford University Press 2009.

Nancy, Jean-Luc: *Singulär plural sein*. Berlin: diaphanes 2004.

Nunes, Benedito: „Clarice Lispector ou o Naufrágio da Introspecção", in: *Colóquio Letras (Nr. 70)*, Lisboa: Fundação Calouste Gulbenkian 1982, S. 13–22.

Nunes, Benedito: „Clarice Lispectors Passion", in: *Brasilianische Literatur*, hrsg. v. Mechtild Strausfeld, Frankfurt a. M.: Suhrkamp, S. 273–288.

Paz, Octavio: „Fernando Pessoa – Der sich selbst Unbekannte", in: *Portugiesische Literatur*, hrsg. v. Henry Thorau, Frankfurt a. M.: Suhrkamp 1997, S. 84–114.

Pfister, Manfred: „Konzepte der Intertextualität", in: *Intertextualität. Formen, Funktionen, anglistische Fallstudien*, hrsg. v. Ulrich Broich/Manfred Pfister, Tübingen: Niemeyer 1985, S. 1–31.

Ring, Ano: „Clarice Lispector – Weibliche Impulse für die zeitgenössische brasilianische Prosa", in: *Lateinamerikanische Literaturen*, hrsg. v. Christoph Links, Berlin [u. a.]: Europäischer Verlag der Wissenschaften 1992, S. 136–147.

Rolf, Eckard: *Sprachtheorien: Von Saussure bis Millikan*. Berlin [u. a.]: de Gruyter 2008.

Romano de Sant'Anna, Affonso: „O Ritual Epifânico do Texto", in: *A Paixão Segundo G. H. Edição Crítica*, hrsg. v. Benedito Nunes, Madrid [u. a.]: Coleção Archivos 1996, S. 241–262.

Rössner, Michael/Berg, Walter Bruno: *Lateinamerikanische Literaturgeschichte*. Stuttgart: Metzler 2002.

Sartingen, Kathrin: „O Direito ao Grito – Intimistisches Schreiben bei Clarice Lispector, Mercé Rodoreda und Carmen Laforet", in: *Geschlecht – Ordnung – Wissen. Festschrift für Friederike Hassauer zum 60. Geburtstag*, hrsg. v. Judith Hoffmann/Angelika Pumberger, Wien: Praesens Verlag 2011, S. 219–233.

Scharold, Irmgard: *Epiphanie, Tierbild, Metamorphose, Passion und Eucharistie. Zur Kodierung des «Anderen» in den Werken von Robert Musil, Clarice Lispector und J. M. G. Le Clézio.* Heidelberg: Universitätsverlag C. Winter 2000.

Schmitz-Emans, Monika: „Pirandello und Pessoa als Revenants. Antonio Tabucchis intertextuelle Gespenster", in: *Zentrum und Peripherie: Pirandello zwischen Sizilien, Italien und Europa*, hrsg. v. Thomas Klinkert/Michael Rössner, Berlin: Erich Schmidt Verlag 2006, S. 173–197.

Siepmann, Helmut: *Kleine Geschichte der portugiesischen Literatur.* München: C. H. Beck 2003.

Silvestre, Osvaldo: „Modernismo", in: *Dicionário de Fernando Pessoa e do Modernismo Português*, hrsg. v. Fernando Cabral Martins, Lisboa: Caminho 2008.

Vater, Heinz: *Einführung in die Textlinguistik.* München: Fink 2001.

Vieira, Nelson: *Jewish Voices in Brazilian Literature: A Prophetic Discourse of Alterity.* Gainesville: University Press of Florida 1996.

Vogt, Jochen: „Grundlagen narrativer Texte", in: *Grundzüge der Literaturwissenschaft*, hrsg. v. Heinz Ludwig Arnold, München: Deutscher Taschenbuch-Verlag 2001, S. 287–307.

8.3. Abbildungsverzeichnis

Abb. 1: *Joanas Beziehungsdreiecke*. Erstellt von Claudia Piechocki.

Abb. 2: *Das Dreieck bei Pessoa*. Erstellt von Claudia Piechocki.

Abb. 3: Antônio Costa Pinheiro: *Fernando Pessoa e os Heterónimos*: Multipessoa, Arquivo Pessoa, Obra Aberta. http://multipessoa.net/elementos/imagem/101 (Letzer Zugriff: 15.02.2012)

Abb. 4: *Das Dreieck bei Joana*. Erstellt von Claudia Piechocki.

9. Anhang

9.1. Übersetzung der Zitate aus *Nahe dem wilden Herzen*

Die Übersetzung der in dieser Arbeit verwendeten Zitate aus *Perto do Coração Selvagem* wurden folgender Fassung entnommen:

Lispector, Clarice: *Nahe dem wilden Herzen. Aus dem brasilianischen Portugiesisch von Ray-Güde Mertin*. Frankfurt a. M.: Suhrkamp 1987.

Zitat 123 / Seite 34 (In der deutschen Übersetzung auf S. 132)

Es kam ihr der Gedanke: ich bin die sanfte Welle, die nur das Meer als Raum hat, ich werfe mich, gleite, schwebe, lachend, gebend, schlafend, aber weh mir, immer in mir, immer in mir. Von wem stammte das? Als Kind einmal gelesen? Ausgedacht? Da fiel es ihr plötzlich ein: gerade eben hatte sie es gedacht, vielleicht, bevor sie ihren Arm auf Octavios gelegt hatte, vielleicht gerade als sie hatte schreien wollen... Immer mehr wurde alles zur Vergangenheit...

Zit. 137 / S. 37 (Dt. Üb. S. 28)

Oh Gott. Das, ja, das war es: wenn es Gott gäbe, dann hätte er wohl diese Welt, die so übertrieben sauber war wie ein Haus an einem Samstag, in dem Ruhe herrschte, kein Staub lag und es nach Seife roch, ganz unvermittelt verlassen.

Zit. 159 / S. 45 (Dt. Üb. S. 9)

Hühner-die-nicht-wissen-daß-sie-sterben-werden.

Zit. 162 / S. 46 (Dt. Üb. S. 12)

Sie würde nie zugeben, auch Papa gegenüber nicht, daß sie „das Ding" nie fassen konnte. Alles, was besonders wichtig war, konnte sie eben nicht erzählen. Sie redete nur dummes Zeug mit den anderen. Wenn sie Ruth zum Beispiel ein paar Geheimnisse erzählte, ärgerte sie sich danach über Ruth. Das beste war wirklich, nichts zu sagen.

Zit. 164 / S. 46 (Dt. Üb. S. 13)

Sie geht zum Tischchen mit den Büchern und spielt mit ihnen, sie von weitem ansehend. Hausfrau Mann Kinder, grün ist der Mann, weiß die Frau, rot kann Sohn oder Tochter sein. Ist

„niemals" ein Mann oder eine Frau? Warum ist „niemals" nicht Sohn oder Tochter? Und „ja"? Ach, es gab so viele, einfach unmögliche Dinge. Mann konnte ganze Nachmittage darüber nachdenken. Zum Beispiel: wer hatte wohl zum ersten Mal gesagt: niemals?

Zit. 165 / S. 47 (Dt. Üb. S. 27)

Octavio machte sie zu etwas, was nicht sie, sondern er selbst war [...] wie konnte sie sich an einen Mann binden, ohne daß er sie gefangennahm? wie konnte sie verhindern, daß er auf ihrem Körper und ihrer Seele seine vier Wände errichtete?

Zit. 167 / S. 47 (Dt. Üb. S. 9)

Die Maschine des Vaters klapperte tac-tac... tac-tac-tac...

Zit. 168 / S. 47 (Dt. Üb. S. 10)

Ich und die Sonne: Die Hühner, die im Hof sind, haben schon zwei Regenwürmer gegessen, aber ich hab's nicht gesehen.

Zit. 169 / S. 47 (Dt. Üb. S. 10)

Es ist nicht schwer, man braucht nur zu sprechen und dann kommt's von alleine.

Zit. 170 / S. 48 (Dt. Üb. S. 45)

- Aber du bist doch noch ein Kind... Weißt du denn überhaupt, was du da getan hast?
- Ja.
- Weißt du, weißt du... wie man das nennt?
- Ich habe das Buch gestohlen, ist es das?
- Aber Gott behüte! Ich weiß gar nicht, was ich tun soll, sie gibt es auch noch zu!
- Du hast mich gezwungen, es zuzugeben.
- Ja, glaubst du denn, man darf... man darf stehlen?
- Na, ja... vielleicht nicht.
- Ja, und warum hast du's dann getan?
- Ich darf das.
- Du?
- Ja, ich habe gestohlen, weil ich wollte. Ich werde nur dann stehlen, wenn ich will. Das macht überhaupt nichts.
- So wahr mir Gott helfe, wann macht es denn was, Johanna?
- Wenn man stiehlt und dabei Angst hat. Ich bin weder glücklich noch traurig.

Zit. 171 / S. 48 (Dt. Üb. S. 103–104)

Wie tierisch, dachte sie. Er hörte auf zu schreiben und sah sie entsetzt an, als hätte sie ihm etwas zugeworfen. Sie blickte ihn weiter kraftlos an, und Octavio rutschte auf seinem Stuhl hin und her und dachte nur daran, daß er nicht allein war. Schüchtern und verlegen lächelte er und streckte ihr über den Tisch die Hand entgegen. Sie beugte sich im Stuhl nach vorn und gab ihm ihre Fingerspitzen. Octavio drückte sie lächelnd schnell zusammen, und bevor sie Zeit hatte, ihren Arm zurückzuziehen, drehte er sich seinem Heft zu, sein Gesicht verschwand darin, während seine Hand voller Ingrimm eifrig weiterschrieb.
Jetzt war er es, der etwas fühlte, dachte Johanna. Und ohne jede Überlegung, vielleicht aus Neid, haßte sie ihn plötzlich mit einer so brutalen Gewalt, daß ihre Hände sich um die Seitenlehnen des Sessels klammerten, und sie ihre Zähne zusammenbiß.

Zit. 172 / S. 49 (Dt. Üb. S. 119)

Ein Blatt aus einem Heft lag zwischen den Seiten. Er betrachtete es und entdeckte Johannas unsichere Handschrift. Er beugte sich gierig vor. „Die Schönheit der Wörter: abstrakte Eigenschaft Gottes. Es kommt dem Hören von Bach gleich." Warum hätte er es lieber gehabt, wenn sie diesen Satz nicht geschrieben hätte? Johanna überrumpelte ihn immer. Er schämte sich, als hätte sie ihn eindeutig angelogen und als sei er gezwungen, sie zu betrügen, indem er ihr sagte daß er an sie glaubte...

Zit. 173 / S. 49 (Dt. Üb. S. 118)

Aus eben diesem Grund ist auch ein Konzept wahrhaftiger, wenn es einheitlich ist, als wenn es jedem einzelnen Fall angepaßt werden muß.

Zit. 176 / S. 49 (Dt. Üb. S. 196)

Daß einmal das lange Austragen der Kindheit zu Ende sein und aus ihrer schmerzvollen Unreife ihr eigenes Wesen hervorbrechen würde, endlich, endlich frei!

Zit. 177 / S. 49 (Dt. Üb. S. 196)

[...] vor allem wird ein Tag kommen, an dem all meine Bewegung Schöpfung sein wird [...]

Zit. 179 / S. 50 (Dt. Üb. S. 97)

Ich beginne mich immer von neuem, öffne Lebenskreise und schließe sie, lasse sie beiseite, wenn sie verwelkt und angefüllt sind mit Vergangenheit.

Zit. 181 / S. 50 (Dt. Üb. S. 63)

Warum dringt der Regen nicht in mich ein, ich will ein Stern sein.

Zit. 184 / S. 51 (Dt. Üb. S. 167–168)

„Wie Johannes Geschichte beenden?", „Tantchen, hör mich, ich erzähle dir jetzt von Johanna, die ich kennengelernt habe" und „Ich habe jetzt kurze Haare, kastanienfarben, manchmal habe ich Fransen. Eines Tages werde ich sterben. Ich bin auch geboren."

Zit. 187 / S. 51 (Dt. Üb. S. 168)

Dieser war ein Kind, eine Amöbe Blumen Weiß Lauwärme wie der Schlaf jetzt ist aber noch Zeit jetzt ist noch Leben selbst wenn später... Alle wie die Erde ein Kind Lydia ein Kind Octavio Erde de profundis...

Zit. 191 / S. 53 (Dt. Üb. S. 152)

Zwischen einem Augenblick und dem folgenden, zwischen Vergangenheit und Zukunft die weiße Unbestimmtheit des Dazwischen.

Zit. 194 / S. 54 (Dt. Üb. S. 19–20)

In diesem Augenblick könnte Johanna, wenn sie wollte, achtsamer wäre, sich ein bißchen mehr gehen ließe, ihre ganze Kindheit nacherleben... Die kurze Zeit mit dem Vater, der Umzug in das Haus der Tante, der Lehrer, der sie leben lehrte, die sich geheimnisvoll ankündigende Pubertät, das Internat... die Heirat mit Octavio... aber all dies war viel kürzer, ein einfacher, überraschter Blick würde alle diese Tatsachen erschöpfen.

Zit. 217 / S. 65 (Dt. Üb. S. 48)

Er drang auf wunderbare Weise in die dämmrige Welt Johannas ein, in der er sich mühelos und zartfühlend bewegte.

Zit. 218 / S. 65 (Dt. Üb. S. 50)

Wenn du mir nicht hilfst, kann ich dich auch nicht kennenlernen, kann ich dich nicht führen.

Zit. 219 / S. 65 (Dt. Üb. S. 57–58)

Denn ich werde auch niemanden fragen können: sag, wie ist das eigentlich? nur um zu hören: ich weiß es auch nicht, wie der Lehrer geantwortet hatte. [...] Mit wem sollte Johanna sich jetzt mit der gleichen Selbstverständlichkeit über Dinge unterhalten, die existieren, wie über die, die einfach da waren? [...] Denn nie wieder würde jemand in ihrem Leben, vielleicht nie wieder jemand wie der Lehrer zu ihr sagen: man lebt und stirbt.

Zit. 220 / S. 66 (Dt. Üb. S. 113)

Bevor er zu schreiben begann, ordnete Octavio die Papiere auf dem Tisch sorgfältig und rückte seine Kleidung zurecht. Kleine Bewegungen und alte Gewohnheiten hatte er gern wie gebrauchte Kleidung, in der man sich ernst und sicher bewegt. Seit er Student war, bereitete er sich so auf seine Arbeit vor.

Zit. 221 / S. 66 (Dt. Üb. S. 118)

Nicht diese Welt verlassen, dachte er mit einer gewissen Inbrunst. Nicht dem Rest gegenübertreten müssen. Nur denken, nur denken und weiterschreiben. Sollten sie Artikel über Spinoza von ihm verlangen, nur wollte er nicht als Anwalt arbeiten müssen, nichts mit jenen Menschen zu tun haben, die auf beleidigende Weise menschlich waren, an ihm vorbeizogen, sich schamlos zur Schau stellten.

Zit. 222 / S. 67 (Dt. Üb. S. 84)

Sie wußte, daß es sinnlos war, über das eigene Schicksal zu entscheiden.

Zit. 223 / S. 67 (Dt. Üb. S. 132)

Ja... und flüchtig hatte sie auch, wie ein vorbeirasendes, schweigendes Auto, jenen Mann gesehen, den sie manchmal auf der Straße traf... jenen Mann, der sie stumm, dünn und scharf wie ein Messer, anblickte.

Zit. 225 / S. 67 (Dt. Üb. S. 164–165)

Sie hatte ihm einmal erzählt, daß sie als Kind einen ganzen Nachmittag mit einem einzigen Wort spielen konnte. Da hatte er sie gebeten, neue zu erfinden. Sie liebte ihn nie so sehr wie in solchen Augenblicken.
„Sag noch einmal, was Lalande ist", bat er Johanna flehend.
„Es ist wie Engelsträen. Weißt du, was Engelsträen sind? Eine Art kleine Narzisse, bei dem leisesten Windhauch biegt sie sich von einer Seite zur anderen. Lalande ist auch das Meer am Morgen, wenn noch niemand den Strand betrachtet hat, wenn die Sonne noch nicht aufgegangen ist. Immer wenn ich sage: Lalande, mußt du den frischen, salzigen Hauch des Meeres spüren, mußt du langsam, nackt, den noch dunklen Strand entlanggehen. Gleich wirst du Lalande fühlen... Du kannst mir glauben, ich gehöre zu den Menschen, die das Meer am besten kennen.

Zit. 229 / S. 68 (Dt. Üb. S. 161)

Durch die halb geschlossenen Augen schwamm das Schiff etwas schräg über das Bild, die Gegenstände im Zimmer streckten sich, erleuchtet [...]

Zit. 230 / S. 68 (Dt. Üb. S. 162)

„Erzähl nochmal", bat der Mann.
„Was?"
„Von dem Seemann. Wenn du einen Seemann liebst, hast du die ganze Welt geliebt."

Zit. 231 / S. 69 (Dt. Üb. S. 167)

Wie entstand ein Dreieck? zuerst als Idee? oder kam diese nach der Form? würde ein Dreieck unweigerlich entstehen? die Dinge waren reichhaltig.

Zit. 233 / S. 70 (Dt. Üb. S. 64)

Ich kann kaum glauben, daß ich Grenzen habe, umrissen und festgelegt bin. Ich fühle mich wie in der Luft zergangen, als würde ich in anderen Lebewesen denken und in den Dingen leben, die außer mir liegen. Wenn ich mich im Spiegel überrasche, erschrecke ich nicht, weil ich mich hübsch oder häßlich finde, sondern weil ich mich anders sehe.

Zit. 236 / S. 70 (Dt. Üb. S. 132)

Ein neuer Strom von Schmerz und Leben wuchs, überflutete sie mit der Angst vor dem Gefangensein.

Zit. 237 / S. 70 (Dt. Üb. S. 165)

Wenn sie sprach, erfand sie alles, verrückt, ganz verrückt!

Zit. 244 / S. 75 (Dt. Üb. S. 75)

Sie schloß die Augen, langsam begann sie sich zu entspannen. Als sie sie öffnete, zuckte sie leicht zusammen. Und während langer, tiefer Sekunden erkannte sie, daß jener Teil des Lebens eine Mischung aus schon Gelebtem und noch zu Lebendem war, es ging alles ineinander über, war eins und ewig. Merkwürdig, merkwürdig. Das orangenfarbene Licht des Morgens, jener Eindruck eines Intervalls, weit weg ein Klavier, das immer wieder hohe Töne anschlug, ihr Herz, das in der Begegnung mit der Morgenwärme schneller schlug und, hinter allem, wild, bedrohlich, das schwer und unwägbar pochende Schweigen. Alles löste sich auf. Das Klavier unterbrach die Eindringlichkeit der letzten Noten, und nach einem Augenblick der Ruhe nahm es sanft mit einigen Tönen aus der Mitte wieder eine klare, einfache Melodie auf. Und wenig später hätte sie nicht sagen können, ob das Erlebnis des Morgens wirklich oder nur eine Idee gewesen war. Sie hielt aufmerksam inne, um sie wiederzuerkennen...

Zit. 245 / S. 75 (Dt. Üb. S. 136)

Die offenen Augen Lydias waren ohne Schatten. Wie schön sie ist. Die vollen Lippen waren friedlich, zitterten nicht wie bei jemand, der sich nicht vor der Lust fürchtet und sie ohne Reue genießt. Welch ein Gedicht wäre der Grund ihres Lebens? Was sagte wohl jenes Murmeln, das sie im Inneren Lydias erahnte?

Zit. 246 / S. 76 (Dt. Üb. S. 147)

Lydias Poesie: diese Stille nur, Herr, ist mein Gebet, und ich kann mehr nicht sagen: ich bin so glücklich in meinen Gefühlen, daß ich schweige, um sie voller zu empfinden; im Schweigen wurde in mir ein Spinnetz geboren, zart und leicht: dieses sachte Nicht-verstehen des Lebens, das es mir ermöglicht hat zu leben. Oder war alles eine Lüge?

Zit. 247 / S. 76 (Dt. Üb. S. 196)

[...] ich werde stark sein wie die Seele eines Tieres und wenn ich spreche, werden es Wörter sein, nicht gedacht und langsam, nicht flüchtig erfühlt, nicht voller Wille nach Menschlichkeit, nicht die Vergangenheit, die die Zukunft zerbröckelt! was ich dann sage, wird endgültig und vollständig erklingen! es wird keinen Raum in mir geben, der mir sagt, daß Zeit existiert und Menschen, Dimensionen, es wird keinen Raum in mir geben, der mich merken ließe, daß ich Augenblick für Augenblick erschaffe, nicht Augenblick für Augenblick: immer verschmolzen, weil ich dann leben werde, erst dann werde ich größer leben als in der Kindheit, ich werde brutal sein und schlecht gemacht wie ein Stein, ich werde leicht und unbestimmt sein wie das, was man fühlt und nicht versteht, ich werde mich in Wellen überholen, oh Herr, und alles möge kommen und auf mich herabfallen, sogar das Unverständnis meiner selbst in gewissen weißen Momenten, weil es reicht, mich zu erfüllen, und dann wird nichts meinem Weg bis zum Tod-ohne-Angst entgegenstehen, von jeglichem Kampf oder Ausruhen werde ich mich stark und schön erheben wie ein junges Pferd.

9.2. Resumo em português

O termo da intertextualidade deriva da teoria pós-estruturalista de Julia Kristeva e indica uma determinada relação entre textos. Com esta designação relativamente recente neste discurso – introduzida nos anos 1960 – Kristeva descreve no seu estudo *Bakhtine, le mot, le dialogue et le roman* um fenómeno que antes havia sido circunscrito por outras palavras. Para ela, todos os textos são constituídos como um mosaico de citações e todo texto é a absorção e, transformação de um outro. Neste caso, refere-se aos conceitos teóricos de Mikhail Bakhtin sobre o dialogismo e a polifonia, que já tinha concebido quarenta anos antes.

Nestes trabalhos, entre outros a publicação chamada *A Estética da Criação Verbal*, Bakhtin dedicou-se, maioritariamente, ao romance moderno, que, na sua opinião, é retratado por uma diversidade discursiva.

A determinação de intertextualidade no sentido de Kristeva é, por um lado, um termo radical, por outro, versátil – ambas as características são necessárias para introduzir uma nova forma de discurso. Da mesma maneira que criticamente questiona a autoria, também introduz aos leitores um novo modo para a recepção de textos.

Roland Barthes, conhecido por textos como *Le plaisir du texte*, define uma opinião mais abrangente da intertextualidade. No seu ponto de vista, é o leitor que representa o lugar em que, no momento da recepção, todos os textos e todas as culturas se cruzam e se intercalam. Por conseguinte, a prioridade, que o escritor recebia antes, passa para o outro lado. O autor só pode imitar formas de expressão que já existiam antes e é obrigado a utilizar palavras que já estão definidas num dicionário. Segundo Barthes é impossível viver fora do inter-texto porque este representa o texto infinito, seja no jornal ou na televisão.

Uma obra decisiva no discurso da intertextualidade é *Palimpseste* de Gérard Genette. É uma das concepções mais minuciosas sobre as várias relações que podem existir entre dois textos. Genette elaborou uma categorização a partir do seu termo da transtextualidade. Segundo a sua opinião, a intertextualidade designa somente a efectiva presença dum texto noutro, quer como citação quer como plágio. O paratexto é uma forma menos explícita, já que é classificada através das informações que dão corpo ao texto em si: o título, a introdução, as notas de rodapé ou o prefácio. No caso de um comentário, que aborda um outro texto sem necessariamente citá-lo, fala-se de metatextualidade. A relação mais abstracta e implícita é a arquitextualidade, que é a pertinência taxonômica, quer dizer, a classificação das narrativas em géneros literários.

No seu ensaio, Genette concentra-se na ligação entre um texto de segundo grau, o hipertexto e, um texto definitivo e determinante, que é o hipotexto. O hipertexto pode ser ou uma transformação simples (por exemplo uma paródia) ou uma transformação indirecta (p. ex. um pastiche) do hipotexto, se bem que os graus da transformação podem ser claramente declaradas ou ser feitas implicitamente.

Neste trabalho, a intertextualidade foi aplicada como método de análise a fim de que as relações intertextuais entre o romance *Perto do Coração Selvagem* de Clarice Lispector e os três heterónimos mais importantes de Fernando Pessoa, nomeadamente Alberto Caeiro, Ricardo Reis e Álvaro de Campos – assim o 'Drama em Gente' – possam ser extraídas e classificadas. Desde que também existam outros critérios intertextuais, além dos apresentados, esta tese não se baseia apenas num ponto de vista, mas inclui demais ideias para outros pontos de partida.

O romance *Perto do Coração Selvagem* de Clarice Lispector foi publicado em 1943 quando a escritora ainda era estudante de direito na Universidade Federal do Rio de Janeiro. Este romance de estreia teve um grande impacto na literatura brasileira da época moderna por várias razões. A primeira é ligada à tradição que predominava o panorama artístico daqueles tempos: Após a Semana de Arte Moderna que se realizou em São Paulo em 1922 iniciou-se uma grande ruptura com os padrões europeus e as doutrinas acadêmicas. Os modernistas proclamavam uma nova via para as artes no Brasil através de manifestos, como o *Manifesto Pau Brasil* ou o *Manifesto Antropófago* de Oswald de Andrade, e através de romances caracterizados por neologismos e linguagens inventadas, como Mário de Andrade fez em *Macunaíma*, que se tornou obra-prima do Modernismo.

Todavia, a época revolucionária não perpetuou – já nos anos de 1930 era o romance de corte neonaturalista ou regionalista que constituía uma referência significativa entre os escritores. À invenção seguiu-se a imitação: José Lins do Rego, por exemplo, concentrava-se no próprio ritmo expressivo da oralidade, Graciliano Ramos, por sua vez, focalizou-se na realidade sertaneja do Nordeste brasileiro.

Antonio Candido, autor de vários estudos, crítico de literatura brasileira e laureado do Prêmio Jabuti e o Prêmio Camões, confere no estudo *No Começo era de Fato o Verbo* que foi o aparecimento de uma escritora e de um escritor que incentivou uma nova consideração do assunto: Trata-se de Clarice Lispector e João Guimarães Rosa.

O alvo de ambos os romancistas era estabelecer um novo equilíbrio entre a palavra e o tema, bem como entre a obra e o leitor. Desde o primeiro romance Lispector demonstrou as possibilidades infinitas que estão por detrás das cortinas da palavra: Ela não é apenas uma representação da realidade multifacetada 'de fora', mas também da 'de dentro'.

Assim, a partir da palavra, que agora se encontrava no meio de tudo, Clarice Lispector ganhou grande reconhecimento no mundo literário, o que permanece até hoje.

Na ampla variedade de pesquisas que já foram realizadas sobre a obra de Lispector, destaca-se sobretudo quatro pontos centrais: a dimensão filosófica-existencial, a construção formal, o estilo narrativo e a questão do feminino.

Logo no princípio, com a publicação de *Perto do Coração Selvagem*, Lispector foi ou comparada com Virgínia Woolf – devido às infinitas introspecções das personagens e por causa dos acontecimentos insignificantes que parecem sempre determinar o fio condutor da narração – ou com James Joyce. No caso deste último, é preciso ter em conta a epígrafe extraída do romance *Retrato de um Artista quando Jovem* de Joyce, que é constituída por duas frases: "Ele estava só. Estava abandonado, feliz, perto do selvagem coração da vida."

Entre muitos teóricos e muitas teóricas – que escreveram, entre muitos outros assuntos, principalmente sobre a dimensão filosófica-existencial, a construção formal e o estilo narrativo – é de salientar a autora francesa Hélène Cixous, que se especializou na ficção clariceana e que classificou a obra dela como 'écriture féminine'. Nas suas publicações, entre outras *Reaching the Point of Wheat, or a Portrait of the Artist as a Maturing Woman* e *Reading with Clarice Lispector*, que desempenharam um papel importante na divulgação da literatura clariceana em

França e na América do Norte, ela destacou a formação da identidade feminina das heroínas tanto através da palavra como em relação ao sistema patriarcal.

Benjamin Moser, autor da biografia mais recente de Lispector – foi publicada em 2009 – com o título *Why this World – A Biography of Clarice Lispector* destaca, porém, um aspeto importante: a ausência de publicações que comparassem a obra clariceana com escritores ou escritoras do Brasil. Esta área, que também inclui trabalhos comparatísticos dentro da Lusofonia, merece um maior aprofundamento.

Tendo em conta o contexto histórico e a diversidade dos discursos existentes, o presente trabalho tenta, através de excertos de *Perto do Coração Selvagem*, abrir mais duas vias para uma nova exegese deste romance:

Primeiro quer atribuir-lhe mais uma característica particular que é a multiperspectividade, ou seja, a disseminação de possibilidades diferentes de se ser – uma 'característica moderna' que, neste caso, se manifesta no uso da linguagem de Joana, a heroína do romance. A cisão da instância narradora nunca foi abordada concretamente por Lispector, ainda assim, refere-se numa crónica sua publicada em 1968 a um escritor, que de certa forma representava o lema da despersonalização da lírica na viragem do século. Intitulou-a de *Fernando Pessoa me Ajudando*. O tema do ensaio é a protecção da intimidade secreta que a autora temia perder ao longo da sua carreira como cronista. Portanto foi Fernando Pessoa que a ajudou quando leu uma frase dele, que dizia que falar era o modo mais simples de nos tornarmos desconhecidos.

Fernando Pessoa escreveu inúmeras artes poéticas e inúmeros ensaios, rascunhos e esboços de textos de poética explícita que não chegou a publicar durante a sua vida, excepto ao poema *Mensagem*, que rendou-lhe o segundo prémio do Secretariado de Propaganda Nacional, e umas publicações nas revistas *Orpheu* e *Presença*. Na altura dos anos 1920 fazia parte dum grupo de literários, entre eles também Mário de Sá-Carneiro e José de Almada Negreiros, com o qual contribuía em larga escala para as revistas acima mencionadas.

No ensaio *O Desconhecido de si mesmo: Fernando Pessoa*, Octávio Paz constata que os pontos centrais da obra pessoana são o alheamento e a busca de si mesmo, seja numa floresta desviada, ou numa cidade abstracta. Na floresta, os caminhos separam-se e desdobram-se constantemente. É um lugar simbólico. E a figura daquele que se exprime fica sem tempo perante a possibilidade constante dessa separação das frases e caminhos, assim como dos sentidos.

Steffen Dix verifica no seu estudo *Heteronymie und Neopaganismus bei Fernando Pessoa* que o poeta português não queria optar entre o mito (num sentido geral) e a racionalidade. Portanto era necessário seguir um outro caminho que o guiasse para uma outra fórmula de identidade e de verdade, e com isso também para um outro nível de fingimento.

Numa carta ao seu amigo Adolfo Casais Monteiro, Pessoa descreve a génese de três heterónimos – trata-se do designado 'dia triunfal'. Durante um 'estado de êxtase', Pessoa viu aparecer dentro dele mesmo o mestre Alberto Caeiro e os discípulos Ricardo Reis e Álvaro de Campos.

No caso de Pessoa, o desdobramento em heterónimos levou-o também a multiplicar as artes poéticas por heterónimo, provavelmente na busca de ele próprio entender, mas também na procura de guiar o entendimento do leitor quanto ao sentido da heteronímia e à significação de cada heterónimo.

A princípio, poder-se-ia considerar o problema e a busca da identidade também como a matéria primordial de Joana, a jovem protagonista de *Perto do Coração Selvagem*. Neste romance introspectivo, que é dividido em vários episódios nos quais a vida exterior e interior da protagonista se cruzam, ela sente-se muitas vezes incompreendida pelas pessoas com quem convive. É notável como a fala perde sempre importância e permanece num nível inferior em comparação ao pensamento, a ideia. A maior parte do romance é composta por plenos monólogos interiores, e as falas directas são muito raras.

Por conseguinte, a história é formada por experiências fragmentárias que dão corpo e identidade a Joana. Da mesma maneira que num mosaico, visto de perto, há sempre espaço entre as peças que formam o todo, há lacunas neste corpo, porque o texto em si, o escrito, não fornece todas as informações sobre a protagonista, simplesmente porque não é necessário.

Nádia Battella Gotlib, uma das mais importantes pesquisadoras da obra clariceana e biógrafa de Lispector – em 2008 foi publicada a *Clarice Fotobiografia* –, confirma que o que predomina em *Perto do Coração Selvagem* é o que passa a habitar as zonas intermédias das vivências, entre uma e outra fala das personagens. É a própria Joana que dá corpo a si mesma no processo recíproco de vida e de pensamento (de 'dentro' e de 'fora'). O que significa que ela consegue medir as dimensões e limitações da vida através da palavra. E daí resulta a acima mencionada disseminação de possibilidades diferentes de ser.

Foi também Gotlib que em 1989 publicou o ensaio *Olhos nos Olhos. Fernando Pessoa e Clarice Lispector*. Neste artigo ela compara o terceiro poema do Cancioneiro de Pessoa com o romance de Lispector *A Paixão Segundo G. H.* Apesar de já ter um aspecto intertextual no título (os olhares que se cruzam), Gotlib estabelece uma ligação intertextual quanto ao acto de escrita e a duração de criação: Ela fala dum jogo de mútua inter-penetração, entre o rei egípcio e o poeta português, comparável à história de *A Paixão Segundo G. H.* que confronta uma mulher solitária com a sua própria existência no momento em que encontra uma barata na sua casa.

Benedito Nunes, amigo de Lispector e especialista do trabalho dela, sustenta no seu ensaio com o título *Clarice Lispector ou o Naufrágio da Introspecção* que a concentração da experiência interior se situa na sondagem dos estados da consciência individual e que é tanto uma característica de *Perto do Coração Selvagem* como de *A Paixão Segundo G.H.* (1964), *A Hora da Estrela* (1977) e *Um Sopro de Vida* (publicado postumamente) – todas as três são narrações em estilo monologal. Esta análise concentra-se na definição das figuras principais – todas mulheres – que têm uma coisa em comum: Ser entregue à uma linguagem preexistente e, incorporar o desejo de atingir um 'ponto cru', um 'unmediated feeling'.

É uma forma de frustração que pode ser associada com aquele saber à qual Michel Foucault se refere em *Les mots et les choses – Une archéologie des sciences humaines*: É a questão da origem e daquilo que exerce uma influência sob o ser humano desde o início. Muitas vezes é incapaz de controlar essas formas ou determinados conteúdos que são introduzidos na sua própria existência.

Além de examinar as introspecções das personagens, que também põem em questão a posição do próprio narrador – ou seja da narradora – Nunes propõe defini-las como heterónimos da romancista Clarice Lispector. Esta imagem aproxima-a da ideia do fingimento de Pessoa. Afinal, o fingimento poético era um dos eixos fundamentais da poesia do poeta em questão, abordado, por exemplo, em poemas como *Autopsicografia* ou *Isto*, ambos publicados na revista *Presença*, com um número apenas de permeio (n° 36, de Novembro de 1932 e n° 38, de Abril de 1933).

A concepção de Lispector como fingidora (clandestina) constitui o segundo ramo deste trabalho, cujo objectivo é estabelecer a primeira relação intertextual entre *Perto do Coração Selvagem* e os heterónimos pessoanos.

O romance clariceano narra a história de Joana, a heroína do livro, e acompanha-a na sua infância, adolescência e vida adulta. Mesmo que comece por um capítulo que introduz Joana ainda criança e termine com a Joana como mulher vivida, não se pode dizer que o fio condutor seja inteiramente linear. Nestas três fases Joana é obrigada a conviver com alguém. Conforme a ordem dos capítulos do romance, resulta uma sequência muito peculiar de vários triângulos de relação como também Gotlib observou no seu ensaio *Um Fio de Voz Histórias de Clarice*.

Numa demonstração visual das relações, que percorrem e marcam a vida de Joana, torna-se evidente que Joana, não importa em que relação, é sempre aquela que sobra.

Na infância, em que nem conhece a mãe, o pai não sabe responder-lhe às perguntas que ela tem a respeito da vida. Está praticamente sozinha. Quando o pai morre, vai morar com os tios que, presos no seu dia-a-dia e na sua mediocridade, vêem nela um perigo; um bicho que vive sem amigos e sem Deus. É nesta fase que Joana pede conselhos a um 'professor', com o qual conversa sobre a vida. Mais tarde, os tios mandam-na para um internato. Na convivência com Otávio, seu marido, descobre, após um certo tempo, que é traída por ele. Deixa o marido para que este possa continuar a sua vida com Lídia, a sua amante. Encontra um homem que a inspira. Mas esse também tem outra mulher. Decide, no fim, libertar-se e começar uma vida própria.

Das relações demonstradas, interessam sobretudo aquelas que desempenham um papel importante e significativo em relação ao procedimento de Joana. Existem homens que para ela têm a função de 'mestre' ou que sobre ela exercem uma certa influência.

O primeiro seria o professor. Não se sabe explicitamente se existe na vida interior ou exterior de Joana. Ela consulta-o em certos momentos para conversar com ele. Falam sobre a vida; é principalmente o professor que lhe faz perguntas para que Joana descubra e veja as possibilidades da sua existência. Estes encontros são essenciais para a adolescente Joana: o professor tenta ensinar-lhe a sentir, a viver, a ser.

O segundo é Otávio. É uma pessoa que teme uma vida em que não exerça o controlo. Esforça-se muito para evitar relacionamentos afectivos com outros indivíduos. Tem medo da paixão. É por isso que abandona Joana que o assustava com perguntas que o faziam tremer a alma. Otávio prefere uma vida simples, uma mulher que convive com ele, mas que não vive realmente com ele. Lídia é a mulher cuja beleza e personalidade lhe agradam, mas não o perturbam. No período em que Joana e Otávio moram juntos, ela aprende o que significa sentir, viver e ser com conta, peso e medida.

A última pessoa neste triângulo é o homem que, no romance, aparece sem nome. À semelhança do que acontece com o professor não sabemos se este homem é imaginário ou não. Joana torna-se a amante dele. Nas conversas com o homem consegue libertar-se; aprende a partilhar os seus pensamentos, o que consequentemente leva à sua emancipação, no sentido de experimentar uma nova maneira de narrar e de criar neologismos.

É nesse tempo que a porta para uma outra vida começa a abrir-se bem devagar, porque é com o homem que ela aprende a sentir, viver e ser em excesso. Joana desenvolve uma própria ideia daquilo que deveria ser o seu destino. A energia e potência que ela, durante a sua infância e maturidade, sempre guardava dentro de si, como se fosse um crime senti-las, tornam-se num desejo excessivo.

Desta disposição dos três homens resulta um padrão de figuras intertextual. Cada homem neste triângulo representa uma forma arquetípica de ser, assim como Alberto Caeiro, Ricardo Reis e Álvaro de Campos a incorporam. Por este motivo as posições tornam-se intercambiáveis:

O professor pode ser substituído por Caeiro. Também ele era um Mestre e com seu 'presente profundo', isto é a definição do sensacionismo caeiriano, trazia uma verdade e um caminho. Neste sentido faz lembrar a aparição do professor de Joana; não só pela necessidade da ilusão por parte dela, mas também pelos conselhos que ele lhe dá. A substituição dos pensamentos pelas sensações é uma operação de abertura ao real, ao mundo exterior, constata Fernando Cabral Martins em relação a Caeiro, e é a mesma coisa que se pode observar na mudança da observação e 'absorção' daquilo que para Joana significa o 'fora'. Tal como Caeiro simboliza uma criança eterna, o professor pode ser visto como uma metáfora da infância, já que Joana é obrigada de deixá-la para trás.

Otávio é, como Ricardo Reis, um homem de ressentimento e cálculo. O que lhe importa é seguir a sua disciplina, manter uma independência emocional dos outros, alcançar sossego e clareza no ver das coisas. Aos olhos de Jacinto do Prado Coelho, autor da obra *Diversidade e Unidade em Fernando Pessoa*, Reis sofre com as ameaças inelutáveis e permanentes do Fatum, da Velhice e da Morte – um atributo que também é característico para o comportamento de Otávio.

Álvaro de Campos fala da experiência da solidão nas grandes cidades, do desejo de incorporar o universo e de poder viver todas as emoções e sensações ao mesmo tempo. Seus poemas, como a *Ode Marítima* ou a *Ode Triunfal*, exemplificam uma intensidade e potência ilimitada. Nos seus versos, principalmente soltos e escritos em plenos monólogos, exprime uma necessidade de excesso em todos os sentidos.

Jacinto do Prado Coelho descreve-o como poeta desordenado e febril, que às vezes parece estar dependente da circunstância exterior, do estado dos nervos, mas que também mergulha em si próprio para sentir o terror do mistério de todas as coisas. Existem certas semelhanças entre Álvaro de Campos e a personagem do 'homem'. Por um lado há uma ligação ao mar, porque parece trabalhar como marinheiro, por outro é ele que incorpora a liberdade. Neste caso não se trata somente duma liberdade física, mas também da liberdade das palavras e da imaginação.

Os excertos do romance *Perto do Coração Selvagem* apresentados no presente trabalho tentam demonstrar que é possível que Lispector tenha usado as vozes dos três heterónimos pessoanos (Caeiro, Campos e Reis) para construir as três distintas personagens – o professor, Otávio e o homem –, que, em compensação, marcam e influenciam a vida de Joana duma distinta forma.

Com as suas aparências arquetípicas, os heterónimos de Pessoa desempenham um papel muito concreto: representar uma posição – uma interpretação do mundo – que Pessoa não detém. Eis de mesmo modo a função do triângulo apresentado nesta tese, à base do diálogo entre Pessoa, na posição do meio, e os heterónimos, posicionados nos três ângulos: É um processo contínuo que, por exemplo, nem funcionaria numa linha recta nem num quadrado. Em ambos os casos é fácil determinar o ponto central e por isso estas figuras não são aplicáveis a Pessoa. O que ele quer atingir é o mistério – um ponto comparável à posição dentro do triângulo: Caso que se fixe a vista em Pessoa no meio, os heterónimos desaparecem numa névoa. Por outro lado, é Pessoa que se torna uma sombra quando o alvo do olhar se concentra nos heterónimos. Pessoa torna-se, por assim dizer, impalpável e 'invisível', parecido com uma sombra – uma metáfora que aqui se refere determinadamente à ilustrações que tentam captar o momento em que 'todos' fossem unidos, por exemplo o quadro *Fernando Pessoa e os Heterónimos* (1978) de Antônio Costa Pinheiro: Pessoa está sentado e de preto, atrás dele encontram-se Caeiro, Campos e Reis em sombreados diferentes.

O possível emprego deste modelo de triângulo no romance *Perto do Coração Selvagem* demonstra mais uma ligação intertextual, uma vez que a dinâmica consequente é comparável à autodefinição de Joana. Tanto como Pessoa ela posiciona-se nos três ângulos, identifica-se com eles para poder negá-los ao mesmo tempo – assim nunca permanece no mesmo ponto. Poder-se-ia dizer que são especialmente as relações com os três homens que determinam o caminho de Joana. Através das diferentes maneiras deles viverem e pelo facto de Joana ser uma discípula (até o momento dela partir), ela aprende três modos de pensar e viver. Com esta experiência fecha-se um círculo que, no caso de *Perto do Coração Selvagem*, tem paradoxalmente a forma dum triângulo.

O triângulo pode ser visto, dum lado, como um desequilíbrio, mas do outro ele dá equilíbrio no sentido de conter três componentes essenciais para atingir uma certa 'harmonia'. Esta surge duma necessidade de Joana que Maurice Blanchot, romancista e crítico de literatura, circumscreve na sua publicação intitulada *La communauté inavouable*: Um indivíduo sempre procura 'o outro' para que este o questione ou às vezes também negue: A privação é a premissa para o começo da própria existência.

Além disso, a análise intertextual da polyfonia em *Perto do Coração Selvagem* revela mais dinâmicas quanto à narração e o uso da linguagem.

A última parte deste trabalho refere-se às características arquitextuais. Estas não se demonstram somente através de aspectos emancipatórios de Joana, mas também da contraposição dos três heterónimos com os três homens. A arquitextualidade encontra-se na pertinência taxonômica o que, num sistema de gradação, está exemplificado num gráfico (no capítulo 6.3.): Dum lado está situado Pessoa com os heterónimos, do outro lado Lispector e as três personagens, representados pelos homens.

Os heterónimos representam uma redução dum género literário – cuja origem, por seu lado, não é sempre determinável – e recorrem à tons e modalidades arquetípicos. Estas referências são – desde o começo de produção literária – espalhados no tempo e, neste estado, é possível entcontrá-los em nuanças distintas. As personae dos heterónimos remetem o leitor ao facto que o ser humano nasce mudo e que aquilo que diz e ouve é parte dum eco de palavras. Em comparação com o homem, este tom é perpétuo.

Com esta conclusão é difícil reduzir a estética e as ideias bucólicas, como Alberto Caeiro as pratica, à uma época, assim como as odes clássicas de Ricardo Reis ou a poesia modernista de Álvaro de Campos.

Por isso, a linha no meio não separa os dois lados. É o lugar onde se pode pôr um espelho: As reflexões visualizam as diferentes graduações com as possíveis direções.

Assim, o caminho que começa do lado de Pessoa guia – só às avessas – para o lado de Lispector.

Wiener Iberoromanistische Studien
Herausgegeben von Kathrin Sartingen

Die Bände 1 und 2 sind im Martin Meidenbauer Verlag erschienen und können über den Verlag Peter Lang, Internationaler Verlag der Wissenschaften, bezogen werden: www.peterlang.de.

Ab Band 3 erscheint diese Reihe im Verlag Peter Lang, Internationaler Verlag der Wissenschaften, Frankfurt am Main.

Band 3   Claudia Piechocki: Intertextualität in der lusophonen Literatur. Ein Blick auf Fernando Pessoa und Clarice Lispector. 2013.

www.peterlang.de